Faszinosum Lausitzer Kultur

Blick über die Grenzen: von Deutschland nach Polen und Tschechien

HERAUSGEBER

Spreewälder Kulturstiftung
Schloßweg 1
03096 Burg (Spreewald), OT Müschen

Heft 2 Schriftenreihe der
Spreewälder Kulturstiftung Burg-Müschen
2011

SKS
SPREEWÄLDER
KULTURSTIFTUNG
auf Schloss Müschen

INHALT

Vorwort

Vor mehr als hundert Jahren haben Forscher im Spreewald um den legendären Rudolf Virchow großartige Entdeckungen zur Bronzezeit gemacht. Nach dem Ersten Weltkrieg fehlte das Geld für die Weiterführung dieser Forschungen, im Dritten Reich der Sinn und danach in der DDR Geld und der rechte Sinn.

Ein kleiner, rätselhafter Wagen aus Bronze, ein Lichtstrahl der Lausitzer Kultur, fasziniert nun heute die Menschen: eine Sensation heißt es, und eine Herausforderung für Neugierige.

Die Spreewälder Kulturstiftung wurde vor neun Jahren unter anderem wegen der Faszination an dieser für uns noch so rätselhaften Kulturepoche gegründet. Sie hat sich seither die Pflege und Erhaltung der Kulturwerte sowie die Wahrung traditioneller Kulturgüter zur Aufgabe gemacht. Bis heute konnte sich die Stiftung zu einer wichtigen kulturellen Institution in der Region Spreewald entwickeln.

Bei allen Forschungen und Überlegungen begegnen die Stiftungsmitglieder immer wieder Rudolf Virchow, der im ausgehenden 19. Jahrhundert in Burg selbst gegraben, den Begriff „Lausitzer Kultur" geprägt hat und sogar eine Sitzung der Deutschen Gesellschaft für Anthropologie, Ethnologie und Urgeschichte in Burg im Spreewald abhalten ließ. Bevor dies alles geschah, weiß man von ihm, dass er im Saale des Berliner Handwerksvereins am 14. Dezember 1865 einen sehr interessanten Vortrag hielt und damals schon feststellte:

> *„Die Geschichtsschreibung hat ihre bestimmte Grenze, sie sei stumm, wenn wir Fragen aufwerfen über jene Zeiten, wo es noch keine Geschichtsbücher gab, wo noch nicht einmal die Sage verzeichnet, wo überhaupt noch nichts geschrieben wurde. An diesem Punkte muß der Geschichtsschreiber seine Rechte an den Naturforscher abtreten, oder, wenn er das nicht will, so muß er selbst Naturforscher werden und aus dem Buche der Natur lesen lernen." (1)*

Und dann zitiert Virchow bei diesem Vortrag Johann Christoph Bekmanns „Historische Beschreibung der Chur- und Mark Brandenburg", die 1751 in Berlin erschienen ist, jedoch lange Jahre als Kriegsverlust galt und erst 1996 durch einen Zufall im Märkischen Museum in Berlin, dem heutigen Stadtmuseum, wieder aufgefunden wurde:

„Der alte Professor Beckmann, der vor hundert Jahren eine historische Beschreibung der Mark Brandenburg herausgegeben hat, beginnt den Abschnitt von den Alterthümern der Mark mit folgenden Worten: „Wir wollen uns aber zu den sachen selbst wenden, und den anfang von den allerältesten begebenheiten oder vielmehr überbleibseln und framgentis aus den uralten geschichten dieser Lande machen; nicht zwar vermittelst einiger muthmassungen über eine und andere stelle bei den alten Griechischen oder Römischen Geschichtsschreibern, sondern lediglich in solchen stükken, welche von den uralten zeiten her sich bishero erhalten, und als unverwerfliche zeugnüsse der alten Einwohner dieser orte, wer die auch immer mögen gewesen sein, der welt vor augen stehen. Und sein solche," fährt er fort, „die ansehnliche grosse Stein- oder Helden- und Heunenbetten, die Grabaltäre, die kleinere und oftmals viel neben einander gesetzte Steinkraise, andere einzelne mit besondere marken gezeichnete Steine, die Heldenhügel, die Todtenköpfe, und was sonst noch in und neben denselben für überbleibsel an metall, korallen und dergleichen sich bisher gefunden haben, oder noch finden möchte. Man bedarf hierzu keines fabulirens oder anderer weitläuftigen ausschweifungen, sondern lässt sie selbst reden oder zeugen." (2)

Diese Gedanken zur Geschichtsforschung in Brandenburg von 1751 passen so treffend zu dem, was sich die Stiftung zum Ziel gesetzt hat und sollen den Veröffentlichungen des zweiten Heftes dieser Schriftenreihe voran stehen.

Ein gemeinsamer Weg von mehr als 250 Jahren Neugier und Forschung verbindet uns mit dem „Faszinosum Lausitzer Kultur" und heute hier mit Menschen, die sich für ihre Zukunft mit der Tradition beschäftigen und damit dem Begriff „Heimat" eine besondere Farbe geben.

Uwe Leo-Auerswald
Vorstand Spreewälder Kulturstiftung

Zitate: (1) „Über Hünengräber und Pfahlbauten.", Prof. Rud. Virchow, Berlin 1866 Lüderitz'sche Verlagsbuchhandlung
(2) „Historische Beschreibung der Chur-und Mark Brandenburg", verfasset von Joh. Christ. Bekmann, Berlin 1751 Theil I. S. 346

Einleitung
Faszinosum Lausitzer Kultur

Prof. Dr. Franz Schopper

Neben der „Nordischen Bronzezeit" und der „Urnenfelderzeit" bzw. „Urnenfelderkultur" ist die „Lausitzer Kultur" einer der drei großen Kulturkomplexe, die Mitteleuropa während der Bronzezeit und der beginnenden Eisenzeit prägen. Über ausgedehnte Regionen lassen sich weitgehend vergleichbare Keramikformen und Grabsitten verfolgen.

Doch der Begriff der „Lausitzer Kultur" ist durchaus sperrig und erschließt sich nicht sofort. Keineswegs erleichtert wird der Zugang durch den z.T. parallel verwendeten Begriff der „Lausitzer Gruppe". Wer sich einlässt und sich mit der Lausitzer Kultur beschäftigt, ist bald mit faszinierenden Fundobjekten und Fundzusammenhängen konfrontiert. Warum aber firmiert all dies unter dem schillernden Begriff „Kultur"?

Der Begriff „Kultur" ist in Geisteswissenschaft und Öffentlichkeit ein sehr vielfältiger und zu Recht heiß diskutierter. Auf der einen Seite steht die Gleichsetzung von Kultur mit elaborierten, zum Teil elitären Äußerungen und Geistesmanifestationen etwa in Musik, Literatur, Schauspiel, Mathematik, Kunst, Philosophie, Architektur. Auf der anderen Seite steht der elementare Ansatz der Verhaltensbiologie, der den Beginn der Kulturbildung in jeglichem Ansatz nicht ererbter, sondern in Sukzession erlernter Verhaltensweisen sieht. Umschreiben lässt sich dies vereinfachend mit Prägung oder Erziehung. Hierzu ein Beispiel: Betrachten wir zwei gattungsgleiche Primatenpopulationen, Gruppe A knackt Schalenfrüchte mit Hilfe von Steinen, während Gruppe B dazu Hartholzknüppel verwendet. Grundsätzlich könnten beide Techniken motorisch und mental auch von Mitgliedern der jeweils anderen Gruppe ausgeführt werden. Das findet aber nicht statt, da das Vorbild der älteren Mitglieder der Gruppe prägend ist. Diese Anwendung der spezifischen Techniken macht eine Einteilung in unterschiedliche Kulturen möglich. „Steinknacker Kultur" und „Holzknacker Kultur" stehen Seite an Seite. Zwischen diesen Rudimenten von Kultur und der oben erwähnten Hochkultur spannt sich zweifellos ein sehr weites Feld.

Unter Archäologen wiederum ist der Umgang mit dem Kulturbegriff, dem Quellenbestand angepasst, ein ganz eigener, der sich über die Zeit wandelt. Forschungsgeschichtlich bediente sich die Archäologie des Kulturbegriffs zunächst weitgehend als Hilfskonstruktion, da Volks-, Stammes- oder Gruppennamen fehlten. Nehmen wir ein Beispiel aus der Jungsteinzeit: In weiten Teilen Europas wurden die Hinterlassenschaften der ersten Bauern der „Linearbandkultur" bzw. „Linienbandkultur" zugerechnet. In modernerer Literatur vermeidet man eher den Begriff der Kultur und spricht von Linienbandkeramik oder ganz unpersönlich technisch von LBK. Zu all dem sind wir gezwungen, weil wir eben nicht wissen, wie sich die Menschen nannten, die ihre Töpfe häufig mit wellenartig umlaufenden Linien verzierten.

Mittlerweile ist uns der sehr abstrakte Umgang mit der Bezeichnung Kultur und Keramikstilen sehr lieb geworden, da es so gelingt, historisch-ideologisch aufgeladene Völkernamen zu vermeiden und sich auf der direkten Quellenbasis über politische Grenzen hinweg zu verständigen. Denn die Rückprojektion von Völkernamen auf die Vorgeschichte ist ebenso problematisch, wie die Rückprojektion eines modernen Nationen- oder Volksbegriffes. Ohnehin müssen wir uns immer bewusst bleiben, welche Ausschnitte der Lebenswelten prähistorischer Menschen uns überhaupt zur Verfügung stehen.

Abb. 1: Grabkeramik. Die teilweise kaum beschädigten Gefäße sind mit markanten Buckeln verziert.

Abb. 2: Siedlungskeramik. Typisch ist die bewusste Rauung der Gefäßoberfläche, die diese Ware deutlich von der Grabkeramik unterscheidet.

Abb. 3: Müllrose; Landkreis Oder-Spree. Tonrasseln. Die vermutlich auch dem Abwehrzauber dienenden Rasseln lassen noch heute über 3000 Jahre alte Tonwelten erklingen. Durch unterschiedliche Füllung (Steinchen bzw. Tonkügelchen) unterscheiden sich die Klangfarben deutlich.

Abb. 4: Waltersdorf, Landkreis Dahme-Spree. Fast ohne Schäden konnten dieses Doppelgefäß bei Grabungen in einem Gräberfeld des 10. – 6. Jh. geborgen werden.

Kehren wir zurück zum Faszinosum Lausitzer Kultur. Welcher Art sind die Quellen, welcher Ausschnitt der Lebenswelt steht uns hier zur Verfügung?
Geprägt ist die Lausitzer Kultur durch eine Vielzahl von Gefäßen in immer wiederkehrender Form. Nicht selten treten uns diese Gefäße im Sandboden stehend in fast unbeschädigter Gestalt entgegen (Abb. 1 und 2). Unseren Vorfahren schienen sie förmlich im Boden nachzuwachsen. Dort wo wir Tonrasseln finden, können 3000 Jahre alte Töne wieder erklingen (Abb. 3). Grabregeln und Bestattungssitten lassen sich erschließen.

Die Kultpraxis der Opferhorte ist uns bekannt. Wir kennen diverse Kultobjekte, nicht selten verbunden mit ersten bildlichen Darstellungen von Mensch und Tier. Zu den herausragenden Beispielen zählen hier ohne Frage die Deichselwagen von Burg, die auf eindrückliche Weise die Symbolik von Speichenrad, Vogel und Hörnervieh verbinden. Typisch ist auch das Spiel mit Flüssigkeiten. Neben Kannen mit zwei bis vier Ausgusstüllen, finden sich über Röhren verbundene Doppelgefäße oder Gefäße mit deutlich getrennten Kammern (Abb. 4).

Viele Dinge, im wörtlichen Sinn, sind uns also von der Lausitzer Kultur bekannt. Was wir aber eben nicht kennen, sind Namen, nicht von Völkern oder Stämmen, nicht von Göttern oder Heroen, keine Ortsnamen und keine Eigennamen. Wir wissen nicht, ob es über die Weite der Verbreitung der Lausitzer Kultur eine Art von Zusammengehörigkeitsgefühl gegeben hat.

Die Faszination der Lausitzer Kultur liegt auch in ihrer langen Dauer von ca. 1300 v. Chr. bis ins 6. Jh. v. Chr., ihrer weiten Verbreitung (Deutschland, Polen, Tschechien, Slowakei) und der Fülle ihrer Hinterlassenschaften. Die Faszination liegt im Bekannten ebenso wie in den offenen Fragen. Noch viele Forschergenerationen werden weiter daran arbeiten, mehr und mehr von den „Lausitzern" aufzudecken und zu erfahren.

Dieses Heft dient dazu, Wissen, offene Fragen und neue Forschungsergebnisse zu verbreiten. Die Entwicklung des Begriffes der Lausitzer Kultur stellt Bernhard Hänsel an Hand der mit Rudolf Virchow beginnenden Forschungsgeschichte eindrücklich dar.

Miroslav Novak nutzt den Begriff bei der Behandlung verschiedener Themenfelder aus dem Blickwinkel der mährischen Forschung. Gerade dort, wo die Lausitzer Kultur an die Verbreitungsgebiete der danubischen Urnenfelderkultur(en) stößt, werden die Eigenheiten besonders deutlich.

Wie sehr die Grenzen aber verschwimmen können und wie stark zumindest in der Spätphase (ab 8. Jh. v. Chr.) Einflüsse aus anderen Kulturräumen wirken, zeigt Boguslaw Gediga. Angesichts neuer spektakulärer Funde aus Schlesien stellt er den Begriff der Lausitzer Kultur zumindest partiell in Frage.

So liefert das vorliegende Heft viele Anstöße und Anregungen zum Mit- und Weiterdenken. Mit ihm findet die Lausitzer Kultur unter dem Signum der Deichselwagen von Burg ohne Frage weitere Faszinierte.

Bildnachweis
E. Bönisch BLDAM (Abb. 1-2)
D. Sommer, BLDAM (Abb. 3-4)

Zur Lausitzer Kultur
Deutungsversuche im Wandel der Zeit

Prof. Dr. Bernhard Hänsel

Darf ich mit einem Kompliment beginnen: Es ist hoch beachtlich und dankenswert, dass sich die „Spreewälder Kulturstiftung“ mit einer der bekanntesten Kulturerscheinungen der europäischen Bronzezeit, der Zeit zwischen 1500 und 700 v. Chr., in angenehmer Umgebung und in einem Kreis von ernsthaft Interessierten befasst. Der Begriff der „Kultur“ ist hier im doppelten Sinne zu verstehen: Einmal geht es um kulturelle Aspekte der Bronzezeit, zum anderen um ein kulturvolles und gepflegtes Beisammensein.

Meine Aufgabe wird es sein, etwas zur Geschichte der Erforschung der „Lausitzer Kultur“, zu ihrer Stellung im weiteren europäischen Kontext und zu dem damit verbundenen Kulturbergriff in der archäologischen Forschung zu sagen. Über die Rolle Rudolf Virchows, dessen Beitrag vor allem zur Namensfindung der Grabfunde vom „Lausitzischem Typ“ am Anfang der wissenschaftlichen Beschäftigung steht, wird in diesem Band noch berichtet. Deshalb gehe ich nicht auf seine bedeutungsvollen Beiträge ein.

Zwergengebilde? Interpretationen im 16. Jahrhundert

Die ästhetisch auch für unseren heutigen Geschmack gelungenen, formschönen keramischen Gefäße der Lausitzer Kultur wurden sehr viel früher im Sande der periglazial geprägten Landschaft der Lausitz gefunden. Bereits zu Martin Luthers Zeiten kannte man die vielen, in Ensembles im Boden beieinander stehenden „Vasen“ gut und diskutierte über deren Entstehungsursachen. Man zog in Betracht, dass sie natürlich gewachsen sein könnten oder dass sie zum Hausrat von Zwergen gehören dürften. Eine Kommission bedeutender Persönlichkeiten, darunter Martin Luther, befasste sich 1529 mit dem Phänomen. Luther kam zu dem Urteil: „Man heldet dafür, es sei hiervor etwa ein sepulchrum gewesen.“ Diese für uns ganz selbstverständlich richtige Beurteilung fand aber keineswegs ungeteilte Zustimmung. 1582 schrieb der Stadtphysikus von Kamenz, Johannes Franke: „Ob etwa die spiritus subterranei solches Geschirr bereiten, oder waß eß für Gelegenheit habe, davon kann man nichts gewisses affirmieren. Es geben etzliche für, das for zeiten an denselbigen Orten sollten begrebniß gewesen sein. Aber solches ist eine Fabel. Den es ist gewiss, dass man ander Jahr eben am selbigen Ort etwaß grabet, wiederum solches Geschirr findet.“ Für die Niederlausitz schrieb Petrus Albinus, ein Professor für Poesie, der als ein Agricola-Schüler auch geologische Interessen pflegte, dass Gefäße, die nach Grabungen bei Lübbe gefunden worden waren, „Zwergengebilde“ seien und begründete dies mit der für ihn erstaunlichen, uns aber kaum beeindruckenden Beobachtung, dass die Keramik im Sommer 20 Fuß tief in der Erde lägen, zu Pfingsten aber unmittelbar unter der Erdoberfläche gefunden worden seien. Mit einiger Sicherheit dürfte er bei der Angabe von 20 Fuß Tiefe einer Fehlinformation erlegen sein.

Lausitzer Keramik in mitteleuropäischen Museen

Früh fand die Lausitzer Keramik auch museale Beachtung. Immer wieder abgebildet wird ein sorgfältig und schön in Zinn gefasstes, für die ältere Lausitzer Kultur ungemein charakteristisches Buckelgefäß, das sich seit 1560 im Kunstgewerbemuseum von Frankfurt am Main befunden hatte (Abb.1). Gezeigt werden kann weiter ein aufschlussreiches Ausstellungsarrangement, das im Museum des thüringischen Arnstadt zu sehen war: Gefäße der Lausitzer Kultur befanden sich dort 1701 vor einer Pyramide dargestellt, einem geläufigen Sinnbild des ehrfürchtig geachteten Altertums (Abb.2). Die Keramik der Lausitzer Kultur wird durch diese Komposition mit einer Pyramide des alten Ägypten verbunden, ihm gleichermaßen zur Seite gestellt –

Abb. 1: Im 16. Jahrhundert in Zinn gefasstes Buckelgefäß der älteren Lausitzer Kultur.

ein Zeichen höchster Wertschätzung. Lausitzer Keramik, die so häufig ausgegraben wurde, befindet sich seit frühesten Zeiten in nahezu allen mitteleuropäischen Museen. Die genannten Beispiele mögen genügen, um die im Vergleich zu vielen anderen Gegenden Deutschlands ungewöhnlich frühe Beschäftigung mit heimischen Altertümern hier im Lausitzer Gebiet aufzuzeigen.

Wissenschaftliche Beschäftigung - frühe Ordnungsversuche

Die auch aus unserer heutigen Sicht als wissenschaftlich zu bezeichnende Beschäftigung mit den Bodenfunden der Lausitz begann hier auch überdurchschnittlich früh: Der 1840 in Lübben geborene und 1916 in Guben verstorbene Gymnasiallehrer Hugo Jentsch befasste sich mit den Lausitzer Grabfunden so intensiv, dass er zu deren chronologischer Ordnung vordrang (Abb.3). Er schuf auf der Grundlage stilistischer Kriterien ein dreistufiges System älterer, mittlerer und jüngerer Keramikformen - ein System, das im Wesentlichen heute noch gültig ist. Interessant ist, dass er es in seinem Epoche machenden Aufsatz in den „Niederlausitzer Mitteilungen 2,1891" mit dem Titel „Die Thongefäße der Niederlausitzer Gräberfelder" vermied, den Kulturbegriff zu benutzen oder ihn ethnisch zu interpretieren, obwohl der bei Tacitus genannte germanische Stamm der Semnonen für die zeitliche Abfolge innerhalb seiner Ordnung eine Rolle spielte. Methodisch gesehen verglich er völlig richtig die Gefäße miteinander, die aus einem in der Größe beschränkten Gebiet geborgen worden waren. Er wertete Ähnlichkeit und Verschiedenheit in den Formen- und Verzierungsunterschieden als vom Zeitgeist geprägte Unterschiede von Zeitphasen und leitete davon seine Stufen ab.

Mit der gleichen Methode verfeinerte später Hans Seeger die zeitliche Einordnung und die Altersbestimmung keramischer Typen, indem er die Funde mehrerer Gräberfelder von engstem Raum im Stadtgebiet von Breslau untereinander verglich. Klar war, dass Formenunterschiede aus engstem Raum nicht auf eine unterschiedliche Mode, sondern nur auf Zeitunterschiede hindeuten können. Am meisten interessierte die Forschung deshalb über mehrere Generationen hinweg die Zeitbestimmung.

Abb. 2: Lausitzer Keramik vor einer Pyramide als Grabmal komponiert.

Abb. 3: Gefäßgruppen der Lausitzer Kultur, von H. Jentsch aus Lübben nach Zeitstufen – von oben nach unten zu lesen - gruppiert.

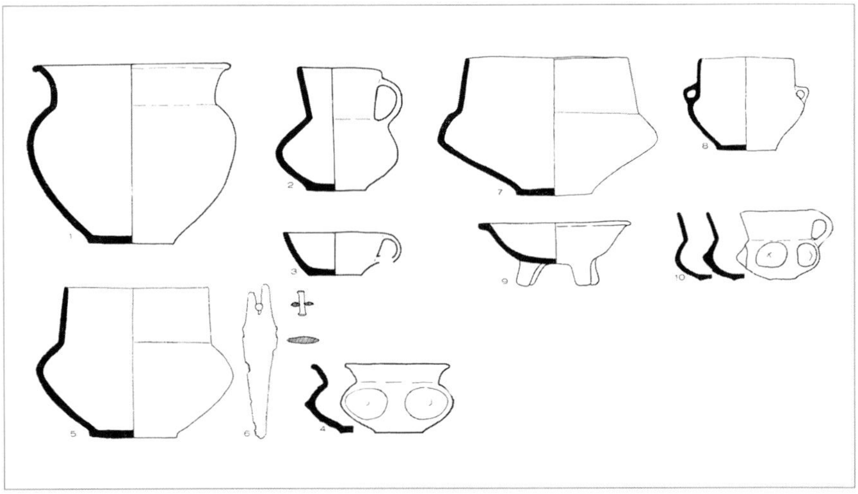

Abb. 4: Grabkombinationen von Gefäßen, wie sie W. Coblenz zur Definition seiner Zeitstufen genutzt hat.

Fortschritte blieben im Sinne einer Präzision nicht aus. So war es Werner Coblenz, der kurz nach dem Zweiten Weltkrieg in einer Marburger Dissertation nicht mehr einzelne Gefäße miteinander verglich, sondern Grabensembles nebeneinander stellte (Abb.4). Er ging von der berechtigten Annahme aus, dass die unterschiedlichen Gefäßtypen, die sich in einem Grab befanden, aus der gleichen Zeit stammen, jene aber aus anderen Gräbern zeitlich auseinander liegen. Sein komplexes System wird bis heute angewandt. Noch feiner, aber leider ohne ausreichende Begründung, hat W. Buck später ein System der zeitlichen Gliederung erarbeitet, das ich Ihnen hier nicht vorenthalten möchte (Abb.5).

Dass für das Phänomen der keramikreichen Gräber im Lausitzer Raum und darüber hinaus der damals gültige Begriff einer geistig und materiell zusammengehörigen Kultur angewandt werden konnte, war von außen besser als von innen zu sehen. Zuerst benutzte meines Wissens der Norweger Ingwald Undset 1882 – also neun Jahre vor H. Jentsch - den Begriff der „Lausitzer Kultur" und sah sie als Teilmenge der spätbronzezeitlichen, gemeineuropäischen „Kultur der Urnenfelder" - eine Auffassung, die bis heute gültig ist.

Was die Publikationen angeht, waren die Grabfunde der Lausitzer Kultur aber sehr viel besser bekannt als ihre Vettern zum Beispiel in Süddeutschland, was zur Folge hatte, dass man sich sehr viel mehr für sie interessierte. Es gab einen deutlichen Wissensvorsprung über die Lausitzer Kultur gegenüber anderen, zeitgleichen Parallelerscheinungen. Deshalb festigte sich die Vorstellung, es bei den Hinterlassenschaften aus der Lausitz, Schlesiens, Nordostböhmens und Sachsens mit einer geschlossenen kulturellen Gemeinschaft zu tun zu haben, die als Anfang und Ausgangspunkt des Phänomens Urnenfelderkultur angesehen wurde.

Ethnische Interpretationen der Lausitzer Kultur

Die gut bekannte Lausitzer Kultur wurde auch bald Diskussionsgegenstand ethnischer Interpretationen. G. Kossinna hatte 1895 in einem Vortrag in Kassel das geistige wie methodische Rüstzeug für die angebliche Gleichsetzung von archäologischer Kultur und Volk ganz im Sinne des nationalistisch geprägten Zeitgeistes geliefert (Abb.6). Für ihn war der so genannte nordische Bronzezeitkreis germanisch, also musste ein anderes aus der antiken Überlieferung bekanntes großes „Volk" für die Lausitzer Kultur gefunden werden. Er nannte zuerst die Thraker, dann später die Illyrier

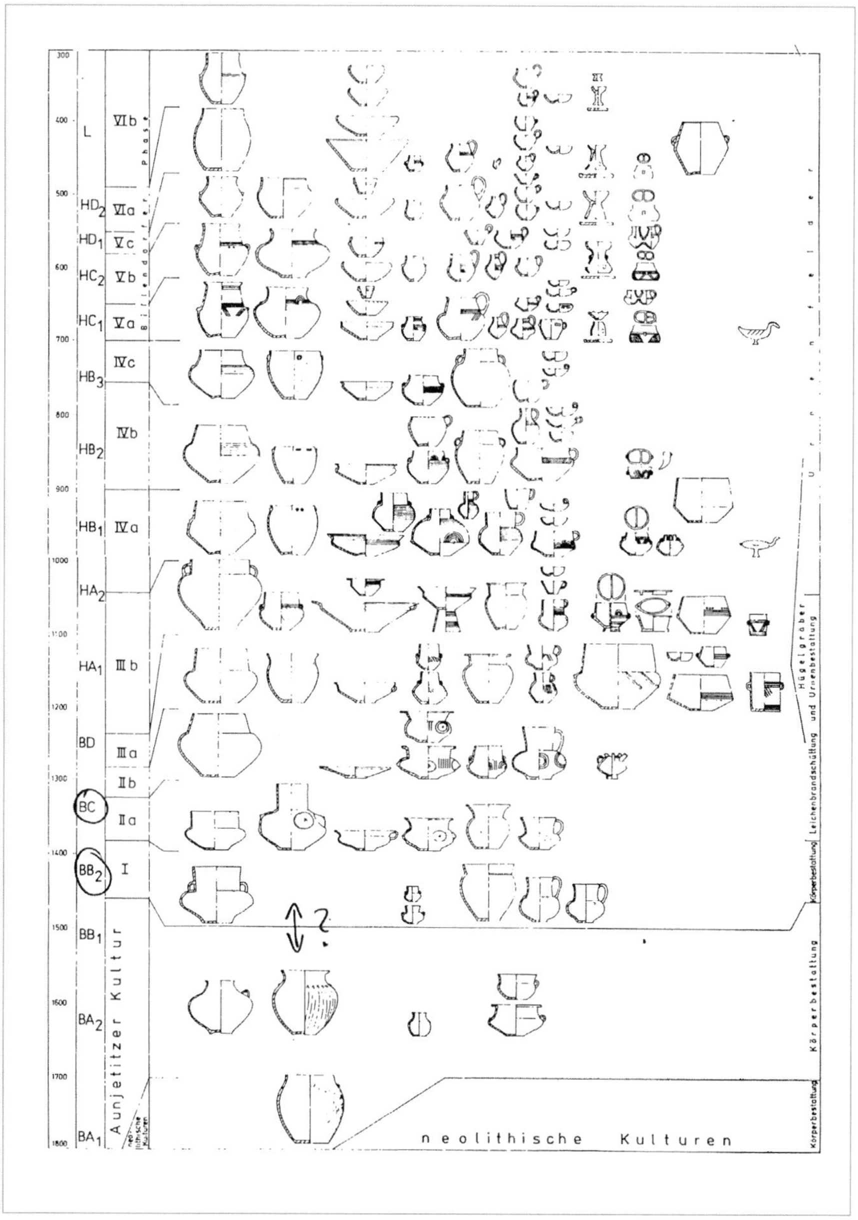

Abb. 5: Chronologische Gliederung der bronze- und früheisenzeitlichen Keramik in der Lausitz nach W. Buck.

– beides sind ethnische Gruppierungen im ferneren Südosteuropa. Der große wissenschaftliche Gegner Kossinnas, der Berliner Museumsdirektor C. Schuchhardt, sah in der Lausitzer Kultur, die er sogar in einer heute nicht mehr nachvollziehbaren Weise aus der Jungsteinzeit ableitete, auf Grund des von Tacitus für Brandenburg überlieferten Stammes der Semnonen die Germanen (Abb. 7). Die polnische Seite sah die Kultur bis in die frühen Zeiten nach dem Zweiten Weltkrieg als slawisch an (J. Kostrzewski, K. Jazdzewski). Diese Gegenüberstellung von ganz gegensätzlichen Auffassungen zeigt deutlich, in welche Sackgasse sich die auf ethnische Zuordnungen konzentrierte Forschung begeben hatte.

Abb. 6: Der Vorgeschichtsforscher Gustaf Kossinna (1858-1931).

Abb. 7: Der Berliner Museumsdirektor Carl Schuchhardt (1859-1943).

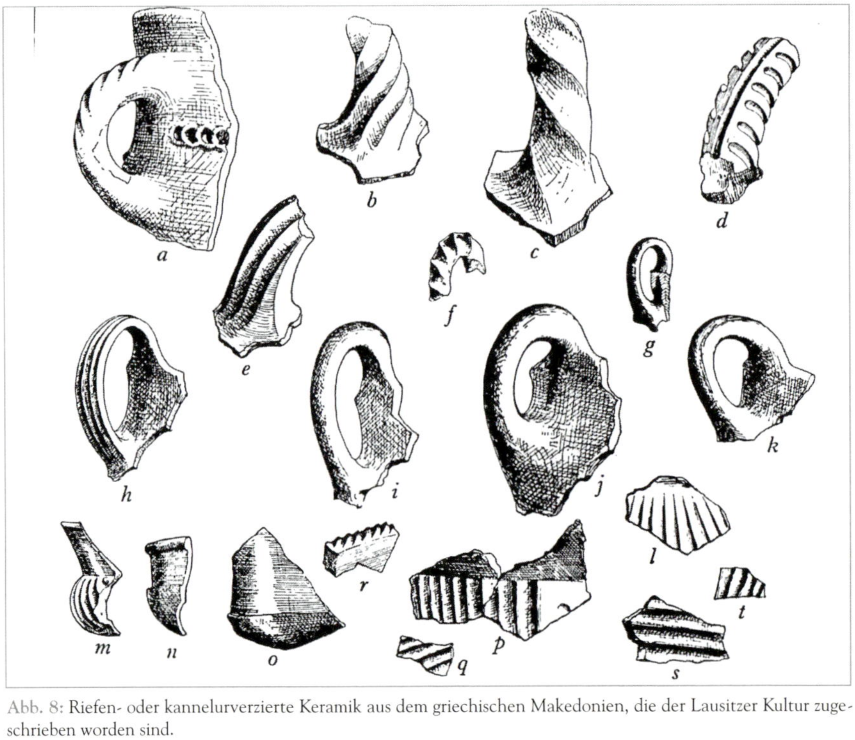

Abb. 8: Riefen- oder kannelurverzierte Keramik aus dem griechischen Makedonien, die der Lausitzer Kultur zugeschrieben worden sind.

Lassen Sie mich noch ein Beispiel zitieren, das von der großen Bedeutung der Lausitzer Kultur weit über die Grenzen der Lausitz hinaus zeugt: Der Engländer W. A. Heurtley hatte in den zwanziger Jahren des vergangenen Jahrhunderts in verschiedenen Tellsiedlungen Makedoniens gegraben und dabei in und über einer Brandschicht eine durch Kanneluren verzierte Keramik gefunden, die für Nordgriechenland fremd war (Abb. 8). Kanneluren, oder auch Riefen genannt, sind für die spätere Lausitzer Kultur charakteristisch. Also nahm Heurtley an, Lausitzer Eindringlinge hätten die Tellsiedlungen erobert und gebrandschatzt, er schrieb von einer „lausitz occupation".

Der tschechische Archäologe J. Bouzek identifizierte diese makedonische Kannelur-Keramik als Parallelen von Gefäßen, die aus der Westslowakei bis nach Ostösterreich, also vom südöstlichen Rande der Ausbreitung der Lausitzer Kultur stammten (Abb. 9). Er nahm deshalb eine mehr als tausend Kilometer reichende Wanderbewegung an. In diesem Sinne entstand in der ersten Hälfte des 20. Jahrhunderts auch andernorts die Vorstellung, die Lausitzer Kultur sei die treibende Kraft zur Herausbildung der großräumig verbreiteten Sitte, die Toten in Urnengräbern mit viel Keramikbeigaben zu bestatten. Diese Bestattungssitte entspringt ganz unzweifelhaft bestimmten Vorstellungen vom Leben nach dem Tode, die in klar fassbaren Riten ihren Ausdruck fanden. Die Lausitz wurde zur Heimat dieser neuen Riten erklärt, die Ausdruck einer spezifischen religiösen Praxis waren. Diese hätten sich angeblich durch Wanderungen aus der Lausitz durch ganz Mitteleuropa und darüber hinaus ausgebreitet, anders konnte man sich die Ausbreitung des Urnenfelder-Phänomens nicht vorstellen. Man sprach von der Urnenfelder-Bewegung, die ihren Ausgangspunkt in der Lausitz gehabt habe.

Mit sehr einfachen Argumenten widerlegte 1952 V. Milojcic dieses Gedankengebäude, indem er glaubhaft machen konnte, dass aus rein demographischen Gründen eine solche Wanderbewegung nicht möglich gewesen sein konnte. Das verhältnismäßig kleine Verbreitungsgebiet der Lausitzer Kultur konnte unmöglich die für eine Wanderung in verschiedene Richtungen benötigten Bevölkerungsmengen aufbringen, zumal gerade in dieser Zeit die Lausitz selbst viel dichter besiedelt wurde als zuvor. Heute ist die Idee von der Lausitzer Wanderung Forschungsgeschichte.

Lausitzer Kultur - bis heute ein Mysterium

Aber die Kultur bleibt weiter ein Mysterium, es fehlt eine Gesamtdarstellung, es fehlt immer noch der Versuch, sie erklärend zu beschreiben. Fraglos ist, dass die Lausitz in keiner der Perioden der Vor- und Frühgeschichte eine so intensive Besiedlung gekannt hatte wie in den Jahrhunderten der mittleren und späten Bronzezeit (15. bis 8. Jahrhundert v. Chr.). Wenn man Bevölkerungsreichtum als Zeichen für ein glückliches Leben ansieht, so war die Lausitz in vorchristlichen Zeiten nie so glücklich wie in diesen Jahrhunderten.

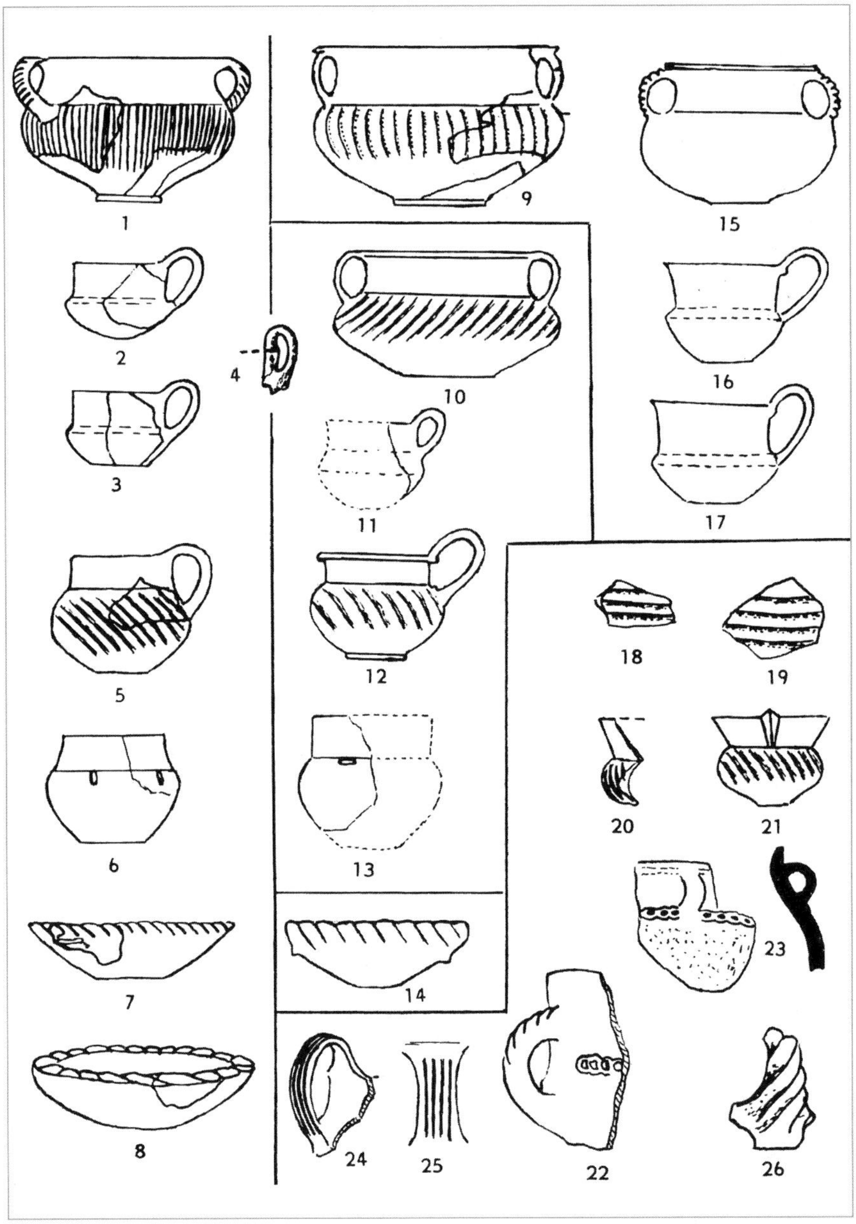

Abb. 9: „Lausitzer Ware“ aus Makedonien und solche aus dem weiteren Südostalpenvorland im Vergleich.

Bildnachweis
Prof. Dr. Bernhard Hänsel, Berlin (Abb. 1-9)

Lausitzer Kultur – Verständniswandel und neue Forschungen in Polen

Prof. Dr. Bogusław Gediga

Den Begriff „Lausitzer Kultur“ verdanken wir Rudolf Virchow. In den Jahren 1871 bis 1880 benutzte der Forscher verschiedene Begriffe für die neuen Ausgrabungsgegenstände der Urnengräber in der Niederlausitz, darunter „Keramik des Lausitzer Typs“ und „ältere Lausitzer Gräberfelder“. Der Begriff „Lausitzer Kultur“ wurde rasch eingeführt und hielt dann Einzug in die Fachliteratur. So wird er wahrscheinlich auch auf Dauer in der Literatur und in unseren Forschungen bestehen bleiben.

Wir müssen bemüht sein, wissenschaftlich verwendete Begriffe ständig zu präzisieren – dies gilt besonders für die humanistischen Wissenschaften. Auch bei der Erforschung der Urgeschichte lässt sich dies nicht umgehen. Zu den Begriffen, deren Präzisierung eine große Bedeutung für die archäologischen Forschungen hätte, gehören der Begriff „archäologische Kultur“ sowie die Mehrheit der archäologischen Kulturen, die wir im Laufe unserer Forschungen unterschieden haben.

Nicht nur bei den Forschungen über die Lausitzer Kultur kommt man zu der Auffassung, dass der ständige Umgang der Forschung mit den materiellen Erzeugnissen der vergangenen Gesellschaften zur Folge hat, dass gerade diese materiellen Erzeugnisse unseren Untersuchungsgegenstand darstellen sollten. Deshalb konzentrieren sich unsere Aktivitäten hauptsächlich auf klassifizierende Sammlertätigkeiten. Durch diese Art der Quellenanalyse stützt sich auch die Unterscheidung der archäologischen Kulturen - unabhängig davon, inwiefern sie objektiv ist und als intersubjektiv bezeichnet werden kann - auf diese materiellen Überbleibsel.

„Archäologische Kultur“ – eine Begriffsdefinition

Man muss jedoch beachten, dass der Begriff „archäologische Kultur“ dazu dient, die Beobachtungsdaten zu systematisieren und nicht die Wirklichkeit hypothetisch zu beschreiben (D. Minta Tworzowska 1994, S. 116). Die zumeist hypothetische Beschreibung der vergangenen Wirklichkeit ist, oder sollte zumindest, das maßgebliche Forschungsziel der Archäologen sein. Die „archäologische Kultur“ kann man als ein Element des Begriffskatalogs betrachten, mit dem unsere Disziplin arbeitet und die nur für sie typisch ist. Demnach kann man sie nur als eine Kategorie sehen, die die Quellen in zeitlich-räumlicher Hinsicht ordnet. Die Nutzbarkeit so eingeordneter Begriffe würde sich im Prinzip auf den quellenkundlichen Teil des archäologischen Forschens beschränken. Schon in der Phase der historischen Synthese sollte der Begriff „archäologische Kultur“ einen viel umfangreicheren Inhalt haben. Dabei müsste man die Erweiterung des Begriffes „archäologische Kultur“, der dem allgemein angewandten Kulturbegriff angenähert werden müsste, voraussetzen. Im Grunde genommen enthält nämlich die „archäologische Kultur“ materielle Spuren und gleichzeitig Kulturelemente, die bis in unsere Zeit fortbestehen. Sie ist ein Aspekt eines gewissen gesellschaftlich-kulturellen Systems. Ein solches Vorgehen ist nicht frei von Schwierigkeiten und Gefahren.

Es gibt kaum einen vieldeutigeren Begriff als „Kultur“. In unserem Fall scheint folgende Definition am brauchbarsten zu sein: Kultur als die Gesamtheit der Ergebnisse menschlicher Tätigkeit umfassenden materiellen wie auch nichtmateriellen Werte und Verhaltensweisen, die von den Gruppen allgemein angenommen werden sowie anderen Gruppen und folgenden Generationen übermittelt werden (Szczepański 1963, 43 f.). Innerhalb der Kultur funktionieren zwei Arten von Regeln: Regeln für technisch-praktische Tätigkeiten und Regeln der Kulturinterpretationen, die den symbolisch-kulturellen Tätigkeiten zugrunde liegen (Kmita 1977, 28 f.). All diese Elemente treten in unterschiedlichen Ausprägungen auch in den in unserer Disziplin unterschiedenen und untersuchten archäologischen Kulturen auf.

„Lausitzer Kultur“ – Bedeutung des Begriffs

Anhand dieser Vorbemerkungen sollten wir über die Bedeutung des Begriffes „Lausitzer Kultur“ nachdenken. Über die bisherigen Aussagen zum Umfang des Begriffs „Lausitzer Kultur“ kommen inzwischen manche Zweifel auf. Dies liegt an zusätzlichem neuen Quellenmaterial, an dem - zumindest seit den 1960-er Jahren - bedeutenden Fortschritt in der monographischen Quellenbearbeitung sowie an größeren erforschten Fundstellen und den ausgewählten Regionen.

Es fragt sich, ob unter dem Begriff „Lausitzer Kultur“ tatsächlich - wie dies besonders in der polnischen archäologischen Literatur angenommen wird - eine archäologische Kultur zu verstehen ist, die in einem abgegrenzten mitteleuropäischen Gebiet von der mittleren Bronzezeit bis zur Früh-Latènezeit verbreitetet war, zu verstehen ist. Neue Meinungen in der polnischen Literatur betonen die Beziehung der Lausitzer Kultur zum Kreis der Urnenfelderkulturen. Die Urnenfelderzeit endet jedoch in der Bronzezeit. Nach vorherrschender Meinung in der polnischen Literatur aber dauert die „Lausitzer Kultur“ als archäologische Kultur länger. Einige Forscher halten es für zweckmäßig, in dem bisher vermuteten Verbreitungsgebiet mehrere regionale Lausitzer Urnenfelderkulturen zu untergliedern oder Bezeichnungen, die früher schon bekannt waren, wie etwa den „Lausitzer Stil“ wieder einzuführen (Dąbrowski 1980). Eine solche Unterteilung in Lausitzer Urnenfelderkulturen wird nämlich den deutlichen Unterschieden besser gerecht, die im kulturellen Bild des bis jetzt der Lausitzer Kultur zugesprochenen Territoriums in dem bisher angesetzten zeitlichen Rahmen bestehen.

Solche Versuche scheinen jedoch für die künftigen Forschungen eher ein Problem darzustellen. Bei diesen neuen Versuchen müssen nämlich mehr Aspekte dieser Kultur berücksichtigt werden. Diese und die neuen, unterteilten Kultureinheiten sollten nicht nur die Klassifizierung materieller Merkmale archäologischer Quellen widerspiegeln, sondern auch die historischen Inhalte, die damit zusammenhängen. Problematisch an der Forschungsgeschichte der Lausitzer Kultur war vor allem, dass sie sich in der Vergangenheit, manchmal auch bis jetzt, auf diesen klassifizierenden und ordnenden Aspekt beschränkt hatte. Es gibt wenig und oft nur routinemäßige Versuche, eine historische Synthese zu bilden. Die Dominanz klassifizierender und ordnender Tätigkeiten wirkt sich stark auf die Probleme in der Forschung aus.

Auch die Meinungen von J. Dąbrowski (1980) und B. Gediga (1984), die sie vor Jahren äußerten, dass nämlich die Lausitzer Kultur regional und zeitlich differenziert werden müsse, schafften es nicht, die Forschungen über diese Kultureinheit aus ihrer traditionellen Bahn zu werfen. Dass solche Meinungen nicht berücksichtigt werden, resultiert vor allem daraus, dass archäologische Kulturen und ihre Gruppen durch Kriterien unterschieden werden, die einen sehr niedrigen Grad an Intersubjektivität besitzen. Man kann sogar die Feststellung wagen, dass die Intuition des Forschers eine große Rolle spielt und sie es ihm in gewisser Weise erlaubt, Unterscheidungsmerkmale zu erfassen. Abgesehen von verschiedenen objektiven Faktoren, über die wir hier nicht ausführlicher diskutieren wollen, könnte man sagen, dass alle ein bisschen Recht haben. Das erzeugt eine gewisse intellektuelle Bequemlichkeit.

Ideologisch-politischer Aspekt

Im Falle der Lausitzer Kultur gilt es noch den ideologisch-politischen Aspekt zu berücksichtigen. Die beschriebene Lausitzer Kultur spielt besonders in der polnischen Literatur auch heute noch manchmal eine wesentliche Rolle, was die Vorstellung über die Entstehung des Volkes der Slawen betrifft. Für die Hypothese der so genannten „Posener Schule“ - mit J. Kostrzewski an der Spitze -, die die Entwicklung der slawischen Ethnie im Einzugsgebiet der Oder und Weichsel lokalisiert, schien es günstig zu sein, dass man in dieser Region nicht nur auf die Siedlungs-, sondern auch auf eine gewisse Kulturkontinuität hinweisen kann. Hervorgehoben wurde deshalb besonders die Homogenität der Lausitzer Kultur seit dem Beginn der Bildung der Urnenfelderkulturen in Europa, also von der Mitte der Bronzezeit bis einschließlich zur Hallstattzeit - und hin und wieder sogar bis zur Latènezeit. Die regionalen Unterschiede, ebenso wie Unterschiede, die man in der Jahrtausende währenden Urgeschichte beobachten konnte, wurden in Form von lokalen Gruppen geordnet. Das verdanken wir vor allem J. Kostrzewski und seinen Synthesen zur Urgeschichte der polnischen Gebiete (1939 - 1948, 1949, 1965). Seine genial richtigen Thesen resultieren aus der Quellenkenntis, die sich mit ihm, ebenso wie die gesamte polnische Archäologie, vor allem nach dem Ersten Weltkrieg entwickelte.

J. Kostrzewskis überzeugende Ergebnisse können auch heute genutzt werden. Jedoch ändert sich die Archäologie zunehmend und weicht von der, die von J. Kostrzewski geprägt wurde, ab. Meiner Ansicht nach kann man die Feststellung wagen, dass es im Fall der Ethnizität der archäologischen Kulturen gar nicht nötig ist, sich auf die Existenz eines künstlichen Gebildes zu stützen, wie es die auf einem großen Gebiet Mitteleuropas unterschiedene und von der Mitte der Bronzezeit bis zur Latènezeit dauernde Lausitzer Kultur war, die auch vor allem als Klassifikationskategorie der Quellen gesehen werden kann. Weder liefert sie in diesem Bereich Gründe noch ist sie ein bedeutender Beweis. Wenn wir uns von einem solchen Druck befreien, können wir die Bronzezeit und Früheisenzeit aus einer anderen Perspektive betrachten. Bei dem hohen Grad an Verallgemeinerungen können wir eher davon ausgehen, dass die ganze Lausitzer Kultur den Kulturen des Urnenfelderkreises angehört. Es bedarf aber schon guten Willens und der Selbstverleugnung, wenn man behauptet, dass die materielle Ausstattung u. a. der östlichen und süd-östlichen regionalen Tarnobrzeg oder Ulwówecka-Gruppen stilistisch und formal mit dem Material der Lausitzer Kultur aus zum Beispiel Niederschlesien vergleichbar ist - vor allem im Bereich der Keramik, die bisher als wichtigstes Kriterium bei der Unterscheidung der archäologischen Kulturen und ihrer lokalen Gruppen dient, weil sie das Fundmaterial ist, das am häufigsten vorkommt.

Trotz dieses Wissens wird weiterhin behauptet, dass sowohl Schlesien in der Bronze- und Früheisenzeit als auch beispielsweise die Tarnobrzeg und die Ulwówek-Gruppe zu den Regionen zählen, die der Lausitzer Kultur angehören. Das liegt daran, dass die Vergleiche hinsichtlich Stil und Form verschiedener vom Menschen gefertigter Erzeugnisse in der Regel wenig objektiv sind. Die Vergleichsmethoden sind ziemlich liberal, und es gibt keine Möglichkeit, genaue Kriterien zu definieren. Manchmal haben wir wohl vergessen, dass wir es mit Erzeugnissen verschiedener Menschen zu tun haben, die ohne standardisierte Technik gefertigt wurden. Es werden jedoch immer Ähnlichkeiten festgestellt, sowohl was die unterschiedlichen Erzeugnisse als auch andere Kulturaspekte anbelangt. Ihnen wird dann ein universaler Charakter zugesprochen, der den ganzen Kulturkomplex der Urnenfelderkulturen, nicht nur im Bereich des Bestattungsrituals, verbindet. Mit einer gewissen Beharrlichkeit bemühen wir uns, die einmal im Voraus gestellte These, die in wissenschaftlichen Kreisen vorherrscht, zu bestätigen, indem wir bestrebt sind, Analogien und Ähnlichkeiten zu finden.

Man sollte noch die Aufmerksamkeit darauf lenken, wie sich das Kulturbild nach polnischer Auffassung in einer bestimmten Zeitspanne der unterschiedenen Lausitzer Kultur geändert hat. Unsere südlichen Nachbarn sehen dieses Problem nämlich ein wenig anders, was sie in der Nomenklatur der jüngeren Phasen dieser Kultur, zum Beispiel in der schlesischen Phase, der Schlesisch-Platěnicer Kultur zum Ausdruck bringen. Was die Lausitzer Kultur betrifft, wurde häufig deren über tausendjährige Existenz hervorgehoben, was ihr eine besondere Bedeutung geben und sie zusätzlich von anderen Urnenfelderkulturen unterscheiden sollte. Hier haben wir es aber mit einer ähnlichen Illusion zu tun wie bei der Vorstellung über die Existenz einer einheitlichen Lausitzer Kultur. Die Veränderungen in der Lausitzer Kultur, die wir im Zeitraum von der mittleren Bronzezeit bis in die frühe Eisenzeit beobachten können, sollten uns zu der Annahme bewegen, dass eine einheitliche Lausitzer Kultur nicht existieren konnte – nicht nur aufgrund der erkennbaren territorialen Unterschiede, sondern auch aufgrund der Veränderungen, die sich in dieser Zeit vollzogen haben.

Abb. 1: Domasław, Kreis Wrocław, Luftbild der Grabungsflächen

Ergebnisse aus dem Gräberfeld in Domasław

Um diese Aussage teilweise zu bekräftigen, möchte ich mich der sensationellen Forschungsergebnisse aus dem Gräberfeld in Domasław bei Wrocław in Schlesien bedienen. Die großflächigen Rettungsgrabungen in Domasław im Kreis Wrocław (Abb. 1) brachten überraschende Ergebnisse. Auf der mehr als 14 Hektar großen Fläche sind neolithische Siedlungsspuren, ein Gräberfeld der „Jordansmühler Gruppe", Siedlungen und Gräberfelder der frühbronzezeitlichen Unietice-Kultur, eine große Siedlung der Przeworsk-Kultur sowie – in unserem Fall wichtig – Urnengräber der Lausitzer Kultur entdeckt worden. Die Forschungsergebnisse auf diesem Urnengräberfeld sind insofern wichtig, als dass sie die Lausitzer Kultur aus einer anderen Perspektive zeigen. Sie bewegen uns auch dazu, das Kulturbild der süd-westlichen polnischen Gebiete in der Früheisenzeit aus einer anderen Sicht zu betrachten und einige frühere Meinungen zu bestätigen. Schon früher hob man oft hervor, dass das Schlesien in der Früheisenzeit ein hallstattzeitlich beeinflusstes peripheres Randgebiet der Hallstattkultur (Reitinger 1981, 9) sei. Im Lichte der Forschungsergebnisse aus dem oben genannten Gräberfeld bei Wrocław und aus ein paar früheren neuen und älteren Forschungen wie

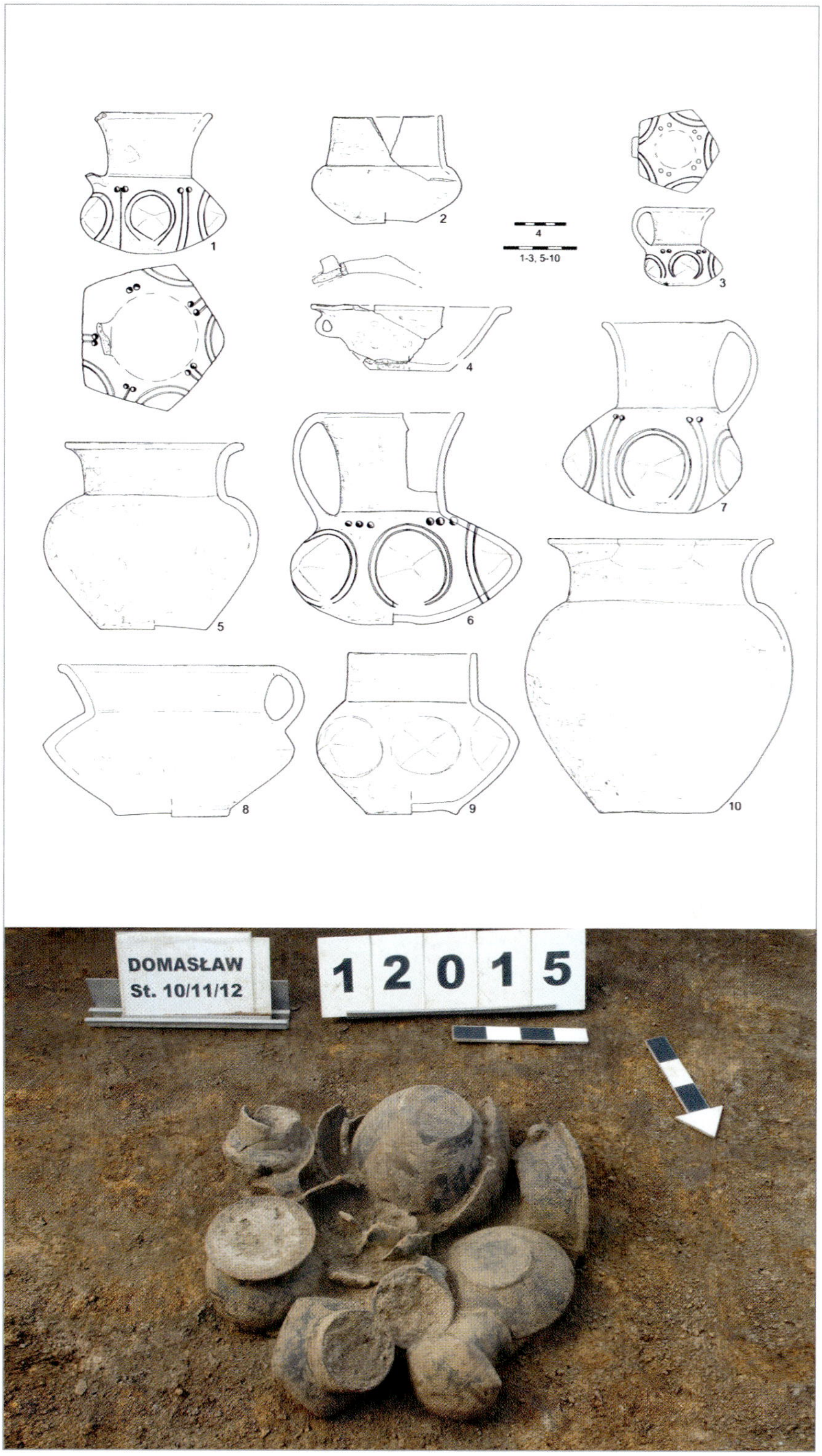

Abb. 2: Domasław, Kreis Wrocław, Objekt-Grab 12015

zum Beispiel in Kietrz im Kreis Głubczyce in Oberschlesien (Gedl 2002), in Łazy im Kreis Wołów (Madera 1999) und in Milejowice im Kreis Wrocław (Bugaj, Kopiasz 2008) in Niederschlesien, scheint es jetzt vollkommen erwiesen zu sein, dass man die Kultur Schlesiens in der Früheisenzeit und sicherlich auch mindestens eines Teils Großpolens als die Gebiete einer regionalen Gruppe der Hallstattkultur betrachtet. Die Hallstattkultur ist kein homogener Komplex, was sich daran zeigt, dass sie in eine westliche, östliche und südöstliche Gruppe unterteilt wird. Zieht man dies in Betracht, kann die Kultur der oben genannten Gebiete Polens als die nächste lokale nordöstliche Gruppe charakterisiert werden.

Dies soll zum Nachdenken und zur Bestätigung des bisherigen Bildes der Lausitzer Kultur und ihrer regionalen Gruppen anregen. Besonders durch die Forschungsergebnisse aus dem Gräberfeld in Domasław kann man die materielle Kultur dieser Gesellschaft gut kennenlernen. Sie deuten auf enge Analogien zu der materiellen Kultur aus den Gebieten des davon unterschiedenen Hallstattkulturkreises hin. Um die Annahmen über die oben erwähnte Vorstellung über Schlesien als eine regionale Provinz der Hallstattkultur zu begründen, sind diese Quellen von erstrangiger Bedeutung.

Die archäologischen Quellen liefern bereits in der Urgeschichte ein genaues Bild einer differenzierten gesellschaftlichen Struktur in der Hallstattkultur. Was die früheisenzeitliche Bevölkerung Schlesiens betrifft, wurde dies besonders gut bestätigt auch im Lichte der Forschungen in Domasław. Das Gräberfeld der Bevölkerung dieser traditionell unterschiedenen Lausitzer Kultur ist ausgedehnt. Das Urnengräberfeld wurde seit der mittleren bis in die späte Bronzezeit und besonders intensiv in der Früheisenzeit benutzt. Schon während der Ausgrabungsarbeiten konnte man feststellen, dass das Inventar der Gruppe von früheisenzeitlichen Gräbern ein ganz neues Kulturmodell repräsentiert. Im Vergleich dazu waren die bronzezeitlichen Gräber viel ärmer ausgestat-

Abb. 3: Domasław, Kreis Wrocław, Objekt-Grab 10113, jüngere Bronzezeit

Abb. 4: Domasław, Kreis Wrocław, Objekt-Kammergrab 521 und seine Rekonstruktion (oben).

Abb. 5: Domasław, Kreis Wrocław, Objekt- Kammergrab mit Ringgraben (No. 4395)

Abb. 6: Domasław, Kreis Wrocław, Objekt-Grab 360, Bronzeschöpfer, Objekt-Grab 8905 mit Eisenschwert und Bronzeschnalle

tet (Abb. 2). Nur selten befanden sich in diesen Gräbern mehrere Tongefäße und Bronzegegenstände, meistens Schmuck, aber auch Bronzemesser (Abb. 3).

In Domasław erforschte man mehr als 2600 Grabanlagen. Die ältesten von ihnen, die vereinzelt und in gewisser Ausbreitung auftauchen, stammen aus der frühen Phase dieser Kultur. Die Mehrzahl der Gräber stammt aus den jüngeren Phasen der Bronzezeit (1100 - 750/700 v. Chr.). Mehr als 900 Gräber können in die Früheisenzeit datiert werden (750/700 - 500 v. Chr.). Diese Gruppe liegt auf dem Gräberfeld in einem getrennten Bezirk und unterscheidet sich hinsichtlich der Konstruktion und der Grabausstattung von den anderen. Die größte Überraschung war die Entdeckung einer großen Grabgruppe mit über 300 reich ausgestatteten Gräbern, zumeist Kammergräber (Abb. 4), oft mit einem Ringgraben begrenzt (Abb. 5). Das zeichnet das Bild einer anderen Gesellschaft mit einer anderen Kultur, als jener, die man mit der Gesellschaft der Lausitzer Kultur aus ihren frühen Phasen, oder sogar vom Ende der Bronzezeit verbindet. Ohne Zweifel beweist diese Gräbergruppe deutlich, dass wir es bereits in der frühen eisenzeitlichen Gesellschaft mit einer führenden Schicht zu tun haben.

Die Grabkonstruktionen wie auch die Ausstattung zeigen ganz deutlich, dass sich in der Früheneisenzeit die soziale Struktur wesentlich geändert hat, aber es hat sich auch das allgemeine Kulturbild dieser Zeit geändert. Besonders deutlich sind die engen Beziehungen mit dem Hallstattkreis und Norditalien, die sich durch die Einfuhr von bestimmten Sachgütern, meistens Luxusgütern (Abb. 6), aus dem Hallstattkreis und Italien, manifestieren. Das war nur möglich, wenn eine entsprechende Empfängergruppe vorhanden war, die meist einen führenden Teil der Gesellschaft bildete. Aus den wichtigen Kulturzentren im urgeschichtlichen Europa wie dem Hallstattkreis und Norditalien kamen nicht nur die materiellen Luxusgüter, sondern auch neue Inspirationen für die symbolische Kultur, die sich deutlich wiederspiegeln in der Symbolik, die wir in der ornamentalen Dekoration auf der Keramik (Abb. 7), auf Bronzegegenständen (Abb. 8) wie auch in der Plastik (Abb. 9) finden. Das Inventar aus den reichen Gräbern kann auf die Existenz einer höheren Gattung, einer „höfischen" Kultur, die sich in der höher stehenden Gesellschaftsschicht entwickelt hat, hinweisen.

Diese oben vorgestellten Ansätze werden verdeutlicht durch eine sichtbare Änderung nicht nur der gesellschaftlichen Struktur sondern auch der materiellen Kultur. Gut veranschaulicht wird dies durch die Ausstattung und die Konstruktion der Kammergräber aus Domasław, aber auch durch andere Gräber mit reichem Inventar und speziellen Konstruktionen. Man darf annehmen, dass die in diesen Gräbern bestatteten Individuen zur besonderen Schicht der damaligen Gesellschaft gehörten. Neben ihrer Konstruktion unterscheiden sich diese Gräber auch durch ihre Ausstattung. Sie enthalten neben einer, oder manchmal ein paar Urnen auch mehr als zehn oder sogar mehr als 50 andere Gefäß-Beigaben. Unter ihnen sind Exemplare der Hallstattkeramik in Form von gewölbten, geschwärzten und geglätteten oder eventuell gravierten Vasen mit charakteristischen Trichterhälsen und konischen Buckeln auf der Schulter vertreten. Andere Beispiele für eine solche Keramik sind Schöpfer, Schüsseln und kleine Schalen, die innen mit den für die Luxuskeramik typischen hallstattzeitlichen, darunter astralen Motiven verziert sind (Abb. 10). Die Verzierungen entstehen durch die Glättung feiner Rillen, und sie erzeugen verschiedene Motive.

Oft sind auch - besonders in den reichen Kammergräbern - Exemplare der schlesischen bemalten Keramik vertreten (Abb. 10). Interessant bei den Verzierungen der bemalten Keramik sind jene Motive mit einer deutlichen symbolhaften Bedeutung, die auf die Sonnen-Symbolik zurückzuführen sind, wie zum Beispiel die Sonnenscheibe und die Triquetra. Die plastische Verzierung mancher Exemplare der bemalten Keramik knüpft an die Hallstattsymbolik (G. Kossack 1954, u. a. S. 23 - 24, 45 - 50; 1996; B. Gediga 1970, S. 190 -197; J. Bouzek 1997, S. 125 - 126; Podborský 2006, S. 324, Tab. 87), ähnlich wie beispielsweise die Vogelfiguren auf einer gemalten Schüssel (Abb. 9).

Zu den für die europäische Archäologie wertvollsten Funden der Früheisenzeit aus dem Bereich der bemalten Keramik von Domasław gehört der Vierradwagen aus dem Objekt-Grab 4270 (Abb. 12). Die rituelle Symbolik des Wagenmotivs war in der Bronze- und Früheisenzeit weit verbreitet (Bouzek 1997, S. 179 - 180; Vosteen 1999; B. Gediga 2002, S. 119 - 124; J. Baron 2008). Sie verbindet sich mit der Symbolik des Sonnenkults, was das Motiv der Triquetra, mit dem die Schüssel des Wagens verziert war, eindeutig bestätigt. Die Tatsache, dass dieses Exemplar in das Grab eines Verstorbenen aus der adligen Schicht hineingelegt wurde, worauf die Konstruktion und die besonders reiche Ausstattung (mehr als 50 Gefäße, zwei Eisenmeißel, zwei Eisenmesser, ein eisernes hallstattzeitliches Beil, zahlreiche bronzene und eiserne Schmuckgegenstände, darunter Nadeln aus Bronze und Eisen, zwei Toilettengarnituren aus

Abb. 7: Domasław, Kreis Wrocław, Symbolische Dekorationsmotive auf der Keramik

Bronze und Eisen, eine Bernsteinperle) hinweisen, verleihen diesem Fund eine besondere Bedeutung, was die Bestattungsrituale angeht. Sie entwickelten sich unter dem Einfluss der mediterranen Zivilisationen, darunter des antiken Griechenland, wo der verstorbene Führer-Häuptling meistens auf einem Wagen zur letzten Ruhestätte transportiert wurde. Im antiken Griechenland spielte der Wagen eine wichtige Rolle in dem Teil des Bestattungsrituals, das als „ekfora“ (Ekphora) bezeichnet wurde.

Während in den meisten Gräberfeldern der Lausitzer Kultur nur wenige Metallgegenstände, und wenn, dann eher aus Eisen, zu finden sind, ist eine reichhaltige Ausstattung mit Metallgegenständen für die Gräber in Domasław eher charakteristisch. Unter ihnen gibt es bronzene Gefäße, die - ähnlich wie ein großer Teil der Metallerzeugnisse - Importware aus den alpinen Gebieten der Hallstattkultur und aus Norditalien sind. Ein Exemplar der Bronze-Gefäße, eine leider schlecht erhaltene Bronzeschale, ist mit symbolischen Sonnen und Vogel-Motiven verziert (Abb. 8). Unter den Schmuckstücken, die in den erforschten, reichen Gräbern gefunden wurden, befanden sich vor allem Bronze- und Eisenschmuck wie Nadeln, Harfenfibeln, Hals- und Armringe sowie Toilettengarnituren (Abb. 13), aber auch eine relativ große Menge an Bernstein- und Glasperlen ebenso wie eine ganze Kette aus Bronzeperlen (Abb. 14) sowie Goldschmuck (Abb. 15). Viel seltener fanden wir in den Gräbern Werkzeuge wie Messer, meistens aus Eisen, und Waffen wie hallstattzeitliche Eisenäxte (Abb. 13), aber überraschenderweise auch sieben Schwerter, sechs aus Eisen und ein Bronzeschwert (Abb. 16). Sie dienten nicht nur als Waffen, sondern spielten vor allem eine Rolle als Prestigeobjekt.

Die großflächigen Rettungsgrabungen der letzten Jahre auch in früheisenzeitlichen Siedlungen der Lausitzer Kultur brachten auch wichtige Quellen zutage, die zu einem besseren Verständnis der damaligen Kultur und besonders der Sozialstruktur dieser Zeit in Schlesien führten. Dazu gehören vor allem die Ergebnisse der Grabungsforschungen in Stary Śleszow (Kopiasz 2003) und Milejowice im Kreis Wrocław (Bugaj, Kopiasz 2008). Ein überraschendes Bebauungsmodell konnten wir auf dem südöstlichen Teil der Grabungsfläche in Milejowice entdeckten. Diesen Siedlungskomplex, bestehend aus Pfostenhäusern, verschiedenartigen Wirtschaftsgruben, einem Brunnen und Votivdepots umschloss eine runde palisadenartige Konstruktion (Abb. 17). Nachdem Spuren von Pfostenhäusern entdeckt worden waren, konnte man feststellen, dass sie größer waren als ähnliche in anderen Teilen der Siedlung. Auch in der Kulturschicht befand sich relativ mehr Keramik einer besseren Art, u. a. auch Scherben von bemalter Keramik. Wahrscheinlich haben wir es in diesem Fall mit dem abgegrenzten Wohnsitz der höher stehenden Gesellschaftsschicht zu tun. Einen ähnlich abgegrenzten Teil der Siedlung mit Pfostenkonstruktion wurde auf der benachbarten Fundstelle in Stary Śleszów entdeckt.

Diese kurz dargestellten Forschungsergebnisse der Fundstelle Domasław und von Siedlungen in Milejowice und Stary Śleszów können uns, meiner Meinung nach, auf eine überzeugende Weise zu den Überlegungen über den Begriff „Lausitzer Kultur“ bewegen. Sie zeigen nämlich, dass die Kultur der frühen Eisenzeit in Schlesien eine andere Welt verkörperte als jene der „Lausitzer Kultur“ aus der mittleren wie jüngeren Bronzezeit auf diesem Gebiet. Meiner Meinung nach begründen sie die Hypothese, dass die früheisenzeitliche Kultur in Schlesien eine regionale Kultur des Hallstattkreises war. Deshalb neigen wir dazu, Begriffe wie „Lausitzer Kultur"
und „Hallstattkultur“ zu verifizieren.

Abb. 8: Domasław, Kreis Wrocław, Objekt-Kammergrab 390 mit Eisenschwert und Bronzeschale mit Sonnensymbolik auf den Rand

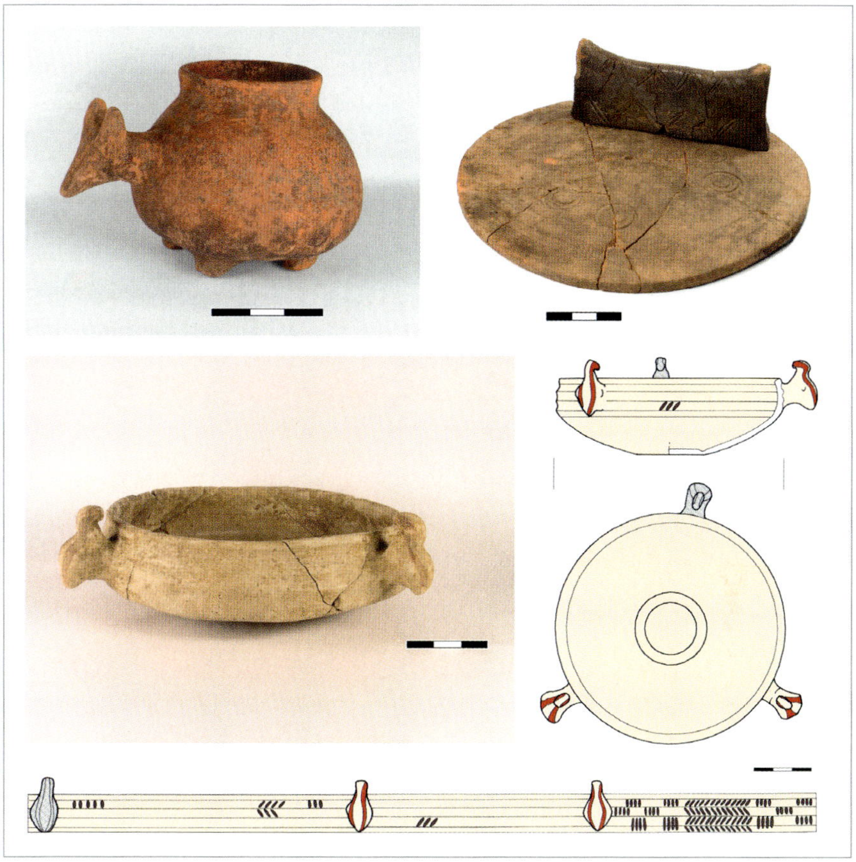

Abb. 9: Domasław, Kreis Wrocław, Tonteller mit Mondidol, Zoomorphisches Gefäß, bemalte, kleine Schüssel mit Vogelfiguren

Abb. 10: Domasław, Kreis Wrocław, „Luxuriöse" Keramik geschwärzt und graphitiert

Abb. 11: Domasław, Kreis Wrocław, Bemalte Keramik

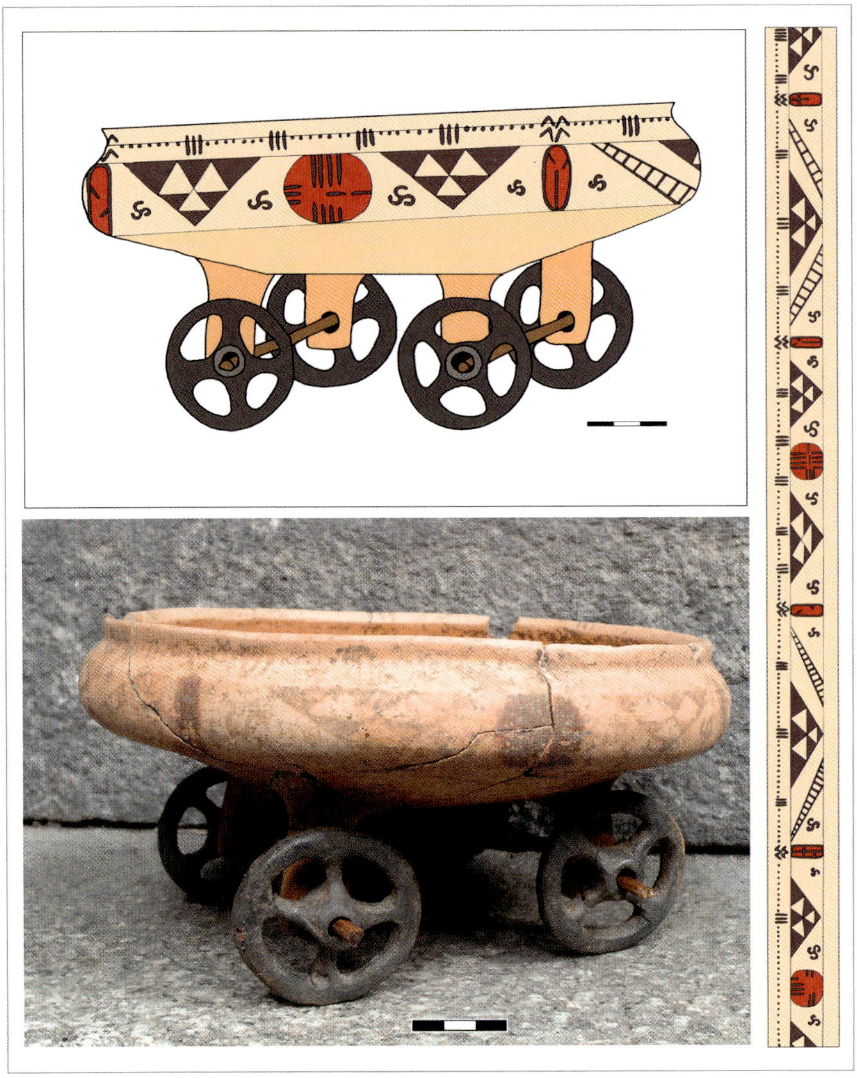

Abb. 12: Domasław, Kreis Wrocław, Objekt-Grab 4270, bemalter keramischer Kultwagen

Abb. 13: Domasław, Kreis Wrocław, Bronzeschmucksachen und Toilettengarnituren

Abb. 14: Domasław, Kreis Wrocław, Ketten aus Bronze und Bernsteinperlen und verschiedenartige Bernsteinperlen

Abb. 15: Domasław, Kreis Wrocław, Goldschmuck

Abb. 16: Domasław, Kreis Wrocław, Objekt-Grab 7429 mit Bronzeschwert

Abb. 17: Milejowice, Kreis Wrocław, Palisadenartige Konstruktion auf der Siedlung, nach: Bugaj, Kopiasz 2008.

Bildnachweis
Prof. Dr. Bogusław Gediga: Archiv Zespół Bada Ratowniczych IAE PAN Wrocław
Zipser, J. (Abb. 1); Nowaczyk, K. (Abb. 2-3,16); Woźniak, A/M. Markiewicz (Abb. 4); Zwierzchowska, A.(Abb. 5); Józefowska, A. (Abb. 6); Woźniak, A./Dolata- Daszkiewicz, I. (Abb. 8); Dolata-Daszkiewicz, I. (Abb. 7, 9 – 15)

Literatur

Baron, J. (2008); Przedstawienia wozów w kontekście rytów przejścia, [In:] Gediga B . i Piotrowski, W. (Hrsg.), Sztuka pradziejowa i wczesnośredniowieczna jako źródło historyczne, Biskupińskie Prace Archeologiczne nr 6, Prace Komisji Archeologicznej nr 17, Biskupin–Wrocław, S. 199 - 209.

Bouzek, J. (1997): Greece, Anatolia and Europe: Cultural interrelations during the Elary Iron Age, Studies in Mediterranean Archaeology, vol. 122, Jonsered.

Bugaj, E. i Kopiasz J. (2008): The Early Iron Age elite and their seat in the South West Poland, „Przegląd Archeologiczny", T. 56, S. 101- 115.

Dąbrowski, J. (1980): Przydatność ceramiki łużyckiej dla podziałów kulturowych,[In:] Gedl M . (Hrsg.), Zróżnicowanie wewnętrzne kultury łużyckiej, Kraków, S. 35 - 55.

Gediga, B. (1970): Das Definitionsproblem der Lausitzer Kultur und ihrer inneren Differenzierung, „Przegląd Archeologiczny.", T. 31, S. 159 - 174, Wrocław-Warszawa-Kraków.

Gediga, B. (2002): Die narrativen Szenen auf der Keramik der Lausitzer und Pommerschen Kultur in Polen, Sborník Národního Muzea v Praze, Řada A – Historie, ISSN 0036-5335, T. LVI/2002/1 – 4, S. 117 - 124.

Gedl, M. (2002): Wielkie cmentarzysko z epoki brązu i wczesnej epoki żelaza w Kietrzu, pow. Głubczyce na Górnym Śląsku (In:) Gedl M. (Hrsg.) Wielkie cmentarzyska z epoki brązu i wczesnej epoki żelaza, Warszawa, S. 75 - 116.

Kmita, J. (1977): Wykłady z logiki i metodologii nauk, Warszawa.

Kopiasz, J. (2001): Osada kultury łużyckiej na wielokulturowym stanowisku Stary Śleszów 17, pow. Wrocław, (In:) Gediga B. (Hrsg.) „Archeologiczne Zeszyty Autostradowe",
Z. (Heft) 2, Badania na autostradzie A4, część (Teil) I Wrocław, S. 101 - 225.

Kossak, G. (1954): Studien zum Symbolgut der Urnenfelder und Hallstattzeit Mitteleuropas, Berlin.

Kossak, G. (1996): Religiöses Denken in Alteuropa vom 8. bis zum 6. Jahrhundert v. Chr. Geb. (w:), Schauer P. (red.) Archäologische Forschungen zum Kultgeschehen in der jüngeren Bronzezeit und frühen Eisenzeit Alteuropas, Regensburger Beiträge zur Prähistorischen Archäologie, Regensburg, Bd. 2, S. 17 - 42.

Kostrzewski, J. (1939 - 1948): Od mezolitu do okresu wędrówek ludów, [In:] Prahistoria ziem polskich, Kraków.

Kostrzewski, J. (1949): Pradzieje Polski, Poznań.
Kostrzewski, J., Chmielewski, W., Jażdżewski, K. (1965): Pradzieje Polski, wyd. I , poprawione i uzupełnione, Wrocław–Warszawa–Kraków.

Madera, P. (1999): Wyniki ratowniczych badań wykopaliskowych na cmentarzysku ciałopalnym kultury łużyckiej w Łazach, sta. 1, gm. Wińsko, „Śląskie Sprawozdania Archeologiczne", Bd. 41, S. 231 - 246.

Minta-Tworzowska, D. (1994): Klasyfikacja w archeologii jako sposób wyrażania wyników badań, hipotez oraz teorii archeologicznych, Poznań.

Podborský, V. (2006): Náboženství pravěkých Evropanů, Brno.

Reitinger, J. (1980): Hallstattkultur Mitteleuropas (In:) Die Hallstattkultur, Symposium Steyr 1980, Linz, S. 7 - 34.

Szczepański, J. (1963): Elementarne pojęcia socjologii, Warszawa.

Vosteen, M. U. (1997): Urgeschichtliche Wagen in Mitteleuropa. Eine archäologische und religionswissenschaftliche Untersuchung neolitischer bis hallstattzeitlicher Befunde, Rahden/Westf.

Kultur der Lausitzer Urnenfelder in den böhmischen Ländern

Dr. Miroslav Novak

Die Urnenfelderzeit ist zweifellos einer der Höhepunkte der urzeitlichen Entwicklung der böhmischen Länder (Böhmen, Mähren und des so genannten böhmischen Schlesien). Dank des langfristigen Interesses der Forscher kann man sagen, dass es sich aufgrund des demografischen Aufschwungs über fast ein Jahrtausend hinweg um den am meisten vertretenen urzeitlichen Kulturkomplex handelt.

Unterschiedliche Terminologien

Die lange Entwicklung der Forschung sowie ihre geografische Zersplitterung sind Ursache für unterschiedliche Interpretationen und Begrifflichkeiten dieses Kulturkomplexes. Eine besondere Rolle spielte dabei Prof. J. L. Píč. Obwohl es ihm noch nicht gelang, die einzelnen Kulturgruppen voneinander abzugrenzen, legte er die Grundlage für das heutige Bild der Urnenfelderkultur in Tschechien. Die Gattung der Feuergräber unterteilte er in den Lausitzer Typ der Jungbronzezeit, den Schlesischen Typ der Spätbronzezeit und den Platěnicer Typ der Hallstattzeit (Píč 1905). Durch eine schrittweise Abspaltung weiterer Kulturgruppen in Süd-, West- und Mittelböhmen beschränkte sich diese Begrifflichkeit nur auf den nördlichen Teil der Urnengräberfelder, der sehr eng mit den Gebieten Schlesien und Lausitz verbunden ist.

Im Zeitraum ab dem Ende der mittleren Bronzezeit bis hin zur frühen Latènezeit benutzt die tschechische Literatur für diesen ganzen Kulturkreis mehrere sich überschneidende Begriffe: „Nordkreis der Urnenfelder" (Vokolek 1993, 45), „Kreis der Lausitzer Urnenfelder" (Pleiner 1978, 503), „Lausitzer Urnenfelder" (Filip 1969, 684) oder nur „Lausitzer Kultur". In Mähren wird gegenwärtig der Terminus „Kultur der Lausitzer Urnenfelder" in Abgrenzung zur südlicher liegenden „Kultur der mitteldanubischen Urnenfelder" (Podborský 1993) benutzt. Dieser Begriff wird auch für das Gebiet Böhmens bevorzugt.

Weil der Zeitraum dieser Kultur von ca. 1250 bis 380 v. u. Z. reicht, ist eine weitere Unterteilung nötig. Im Großen und Ganzen verwendet man bis heute die dreiteilige Gliederung, die von J. L. Píč eingeführt wurde. Später wurde noch der Vorlausitzer Abschnitt, die Späthallstattzeit und die Frühlatènezeit unterschieden (Abb. 1).

In Böhmen wird eine Existenz des kontinuierlichen Übergangs zwischen Mittel- und Jungbronzezeit überwiegend abgelehnt, deshalb gab es auch in der Terminologie nicht den Bedarf für eine eigenständige Bezeichnung des Übergangs zwischen Mittel- und Jungbronzezeit. In Mähren, wo die kontinuierliche Entwicklung durch periphere Gruppen der Mitteldonauhügelgräberkultur allgemein anerkannt ist, wurde ein „Protolausitzer Horizont" (Spurný 1982, Dohnal 1988), ein „Vorlausitzer Abschnitt" (Nekvasil 1987) oder - vielleicht am treffendsten - der „Hügelgräber-Lausitzer Abschnitt" (Podborský 1993, 316) unterteilt. Eine eigenständige „Vorlausitzer Kultur" nach dem Vorbild polnischer Forscher (Gedl 1975, 1992) wurde nicht akzeptiert.

Der Begriff „Lausitzer Kultur"

„Lausitzer Kultur" bezieht sich nach J. Filip (1936-1937, 1939) und V. Vokolek (1993) ausschließlich auf die Jungbronzezeit in Ostböhmen und in den nordöstlichen Teilen Mittelböhmens. Auch die damalige Bevölkerung Nordwestböhmens wird dazugezählt, jedoch bezieht sich hier der Begriff auch auf die Spätbronzezeit. Zur Spätbronzezeit zählt die I. und die II. Stufe dieser Kultur. Die „Lausitzer Kultur" wurde in Nordostböhmen erst durch die neue Strömung der Billendorfer Kultur in der Hallstattzeit beendet (Bouzek-Koutecký 2000). In Mähren wird in der späten Bronzezeit über die „Lausitzer Phase" (Podborský 1993) gesprochen. Was die terminologische Hierarchie anbelangt, neige ich zur Bezeichnung „Lausitzer Abschnitt der Kultur der Lausitzer Urnenfelder".

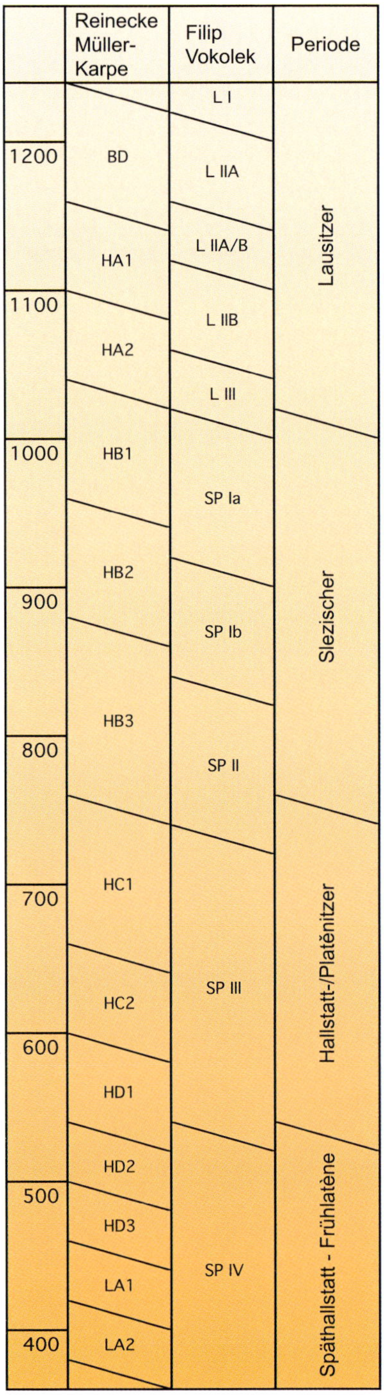

Abb. 1: Die Chronologie der Urnenfelderzeit

Im Einklang mit älteren Ergebnissen von J. Filip (1936-1937) geht V. Vokolek (1993) davon aus, dass zu Beginn der Spätbronzezeit neue Bewohner zuströmten, die die Grundlage für die neue schlesisch-platěnicer Kultur bilden sollten. Die ostböhmische Gruppe der Lausitzer Urnenfelder räumte schon gegen Ende der Jungbronzezeit den mittelböhmischen Teil ihres Verbreitungsgebiets. In Nordostböhmen dauerte die als „Lausitzer Kultur“ bezeichnete Besiedlung mit ihrer III. Stufe auch in der Spätbronzezeit an (Abb. 1). In Mähren wird diese Zeit als „schlesische Phase der Kultur der Lausitzer Urnenfelder“ bezeichnet. Für den gesamten Zeitraum der Spätbronzezeit erscheint deshalb der Terminus „Schlesischer Abschnitt der Kultur der Lausitzer Urnenfelder" als am geeignetsten.

Während in der südlichen Hälfte der tschechischen Länder in der Hallstattzeit schon von eigenständigen Kulturen im Rahmen des „Ost- oder Westhallstätter Kreises“ gesprochen wird, der sich kontinuierlich aus der Urnenfelderkultur heraus entwickelt hat, blieb im Norden des Gebiets die kontinuierliche Entwicklung des Urnenfelderkomplexes bestehen. Den nordböhmischen Teil des Lausitzer Gebiets besetzten die „Billendorfer“, die „Bialowitzer“ oder nach älterer Literatur auch die „Bělíner Kultur“. Nach Ansicht von J. Filip und V. Vokolek umfasst Ostböhmen vor allem die III. Stufe der schlesisch-platěnicer Kultur. Für Mähren spricht man von der „Platěnicer Phase“. Zustimmen kann man auch der Bezeichnung „Hallstatt-“ oder „Platěnicer Zeit der Kultur der Lausitzer Urnenfelder“.

Von der eigentlichen Hallstattzeit muss man chronologisch und terminologisch die Späthallstatt- und die Frühlatènezeit getrennt sehen. Der Beginn dieser Zeit wird mit dem Einfall der Skythen in Zusammenhang gebracht, die etwa Mitte des 6. Jahrhunderts vor unserer Zeitrechnung den Karpatischen Kessel erreichten – obwohl ihre Spuren in Böhmen nicht nachgewiesen sind. Die Meinungen über diese Zeit sind sehr unterschiedlich. Komplizierter ist die Interpretation der Besiedlung Süd-, West- und Mittelböhmens. Dort dauert der Lausitzer Urnenfelderkomplex trotz starker Einheitlichkeit der Kultur in ganz Mitteleuropa in einer eigenständigen kontinuierlichen Entwicklung bis zum Eintreffen der so genannten historischen Kelten in der Mittellatènezeit (400 – 320 v. Chr.) an. Der Wandel äußert sich besonders in der Verbreitung flacher Skelettgräber. Dass die ursprüngliche Bevölkerung der Lausitzer Kultur der Urnenfelder allmählich zurückging, zeigt sich danach in Form vereinzelter Feuergräber und an einigen Elemente der keramischen Produktion.

Entstehung

Während man allgemein davon ausgeht, dass für Mittel- und Nordmähren die kontinuierliche Entwicklung zwischen Mittel- und Jungbronzezeit von der Mitteldonauhügelgräberkultur und der Kultur der Lausitzer Urnenfelder repräsentiert wird, ist die Forschung uneinig, wie der Prozess des Übergangs dieser beiden Kulturen sich vollzog. Die mittelböhmische Enklave der Mitteldonauhügelgräberkultur, die Grundlage für die Entstehung der Knovíz-Kultur der Spätbronzezeit sein sollte, wurde in Ostböhmen bisher nur durch vereinzelte Funde belegt (Abb. 2). Dies führte zur bis heute vorherrschenden Meinung, dass die Lausitzer Kultur schon vollständig gebildet aus Schlesien kam. Die Zahl der Belege aus dieser Zeit wächst allmählich. Obwohl diese Funde nicht mit erstklassigen Informationen über die Fundumstände belegt sind, zählt man schon mehr als 30. Das Gesamtbild lässt so den Eindruck zu, dass an der Bildung der Kultur der Lausitzer Urnenfelder auch die örtliche Basis beteiligt war.

Bisher bekannte Funde aus der mittleren Bronzezeit konzentrieren sich in der östlichen Hälfte Böhmens auf drei Standorte (Abb. 3). Die Konzentration der Siedlungen um Kolín, im östlichen Teil Mittelböhmens, gehört noch zur erwähnten Enklave der Mitteldonauhügelgräberkultur. Die bedeutendste Siedlung – die Burgstätte und möglicherweise auch das bedeutende Kultur- und Handelszentrum Skalka bei Velim – gab dem so genannten Velimer-Typus (Novotný 1986) den Namen. Obwohl sich die neuere Literatur von diesem Begriff distanziert, bleibt die Tatsache, dass hier zur Wende der Mittel- und Jungbronzezeit eine Enklave der späten Hügelgräberbesiedlung existierte, bei der schon zahlreiche Lausitzer Elemente auftauchten. Obwohl die Burgstätte in Velim zu Beginn der Jungbronzezeit gewalttätig zerstört wurde, wurde unweit davon, am Fundort Čáslav-Na Skále, eine kontinuierliche Besiedlung nachgewiesen (Šumberová 2004).

Abb. 2: Mittelbronzezeitlicher Armring aus Hradec Králové

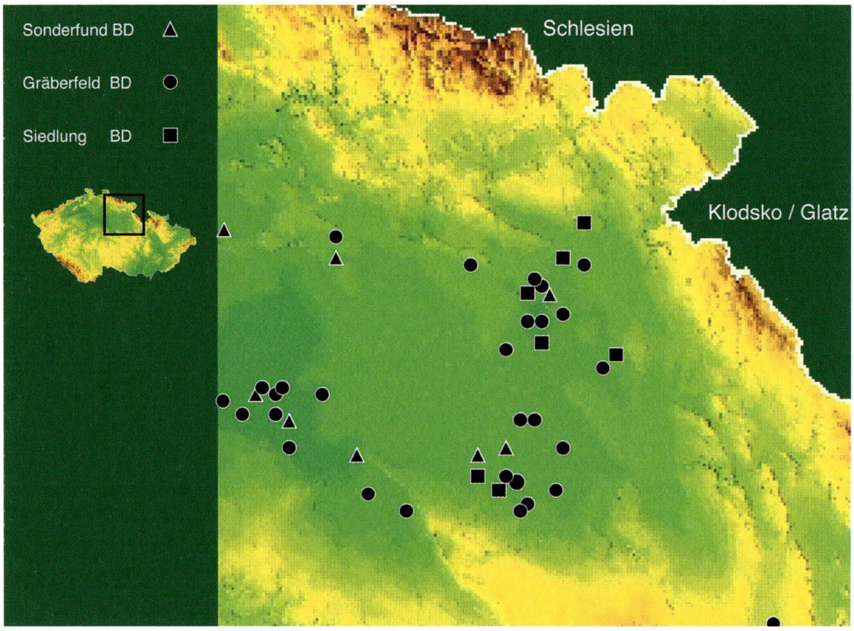

Abb. 3: Altlausitzer Fundorte (Siedlungen, Gräberfelder, Sonderfunde) in Ostböhmen

Die erwähnten Übergangselemente sind bis heute aus einer Reihe von Fundstellen in den Regionen Chrudim und Hradec Králové bekannt. Zu den bedeutendsten Funden dieser Art gehört die Grabhügelgruppe im Kataster der Gemeinde Libčany, bekannt eher unter dem Namen der Nachbargemeinde Hvozdnice (Abb. 4). Auch die neuesten Keramikfunde aus der Anhöhe der alten Stadt Hradec Králové rücken die Anfänge der Besiedlung der hiesigen Burgstätte näher an das gewalttätige Auslöschen der Burgstätte Skalka bei Velim heran. Es ist nicht auszuschließen, dass zwischen der Entstehung des einen und dem Erlöschen des anderen Zentrums ein Zusammenhang besteht.

Anhaltspunkt könnten auch die goldenen Kunstgegenstände sein, die sich um Hradec Králové und Kolín konzentrieren. Fast identische achteckige Wickel aus Golddraht stammen sowohl aus Hradec Králové (Abb. 5) als auch aus dem zehn Kilometer östlich von Skalka bei Velim gelegenen Býchory. Der Ursprung ist bisher unklar, aber Goldquellen sind aus dem Untergrund beider Burganlagen bekannt.

Indirekter Beweis könnte auch die Schwierigkeit bei der Abgrenzung zwischen der Lausitzer und der Knovízer Bevölkerung (Bouzek 2006) sein. Die Kulturdarstellungen beider benachbarter Kulturen sind sich nämlich sehr ähnlich. Zweifellos gehen sie auf eine gemeinsame Basis zurück. Erst in der späten Bronzezeit und in der Hallstattzeit entwickelten sich die materiellen Kulturgüter beider Kulturkreise stark auseinander. Zur erneuten Einigung kam es in der Späthallstattzeit.

Abb. 4: Der altlausitzer Krug stammt aus Hvozdnice

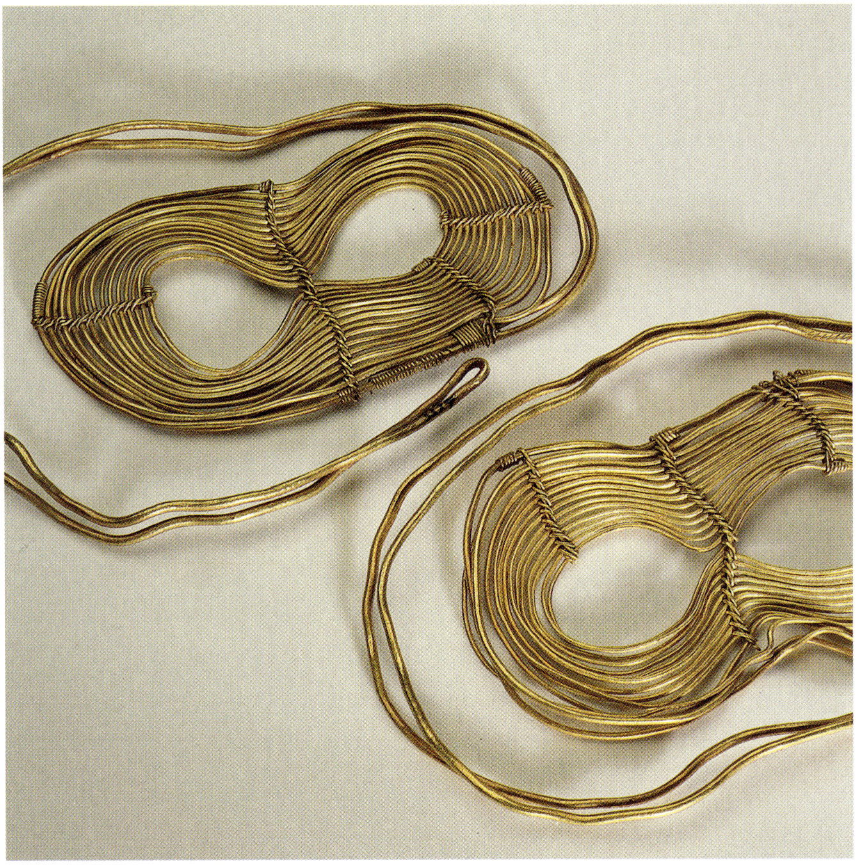

Abb. 5: Die achteckigen Wickelungen aus Golddraht stammen aus Hradec Králové

Streit um die Kontinuität der Entwicklung

Die Frage der Terminologie und der inneren Gliederung der Kultur der Lausitzer Urnenfelder hängt eng mit der Frage der Kontinuität oder Diskontinuität zwischen Jung- und Spätbronzezeit zusammen. Diese Frage betrifft aber besonders die ostböhmischen Gruppen.

Erstmals äußerte sich schon J. L. Píč (1905, 51) ablehnend, was die Kontinuität zwischen der Lausitzer Kultur und dem so genannten Schlesischen Typ anbelangt. Man muss jedoch dazu anmerken, dass der Autor in dieser Zeit auf unserem Gebiet keine Lausitzer Keramik mit verzierten Rillen kannte, aus denen sich seiner Meinung nach anderswo der Schlesische Typ entwickelte. J. Filip (1936-1937, 46) nahm diese Überlegungen in den Entwurf einer neuen Chronologie auf, in der er die Lausitzer und die Schlesisch-Platěnicer Kultur trennte. Der gleichen Meinung war auch J. Böhm (1937, 71). Er ging allerdings ebenfalls von der falschen, dem Stand der damaligen Forschungen entsprechenden Voraussetzung aus, dass die meisten Gräberfelder nicht gleichzeitig eine Lausitzer und eine schlesische Phase haben. Der Autor unterschied sich aber in seiner Meinung über den Ursprung der Schlesischen Kultur. Er hob den Unterschied zwischen der ältesten schlesischen Keramik in tschechischen Ländern und dem Typus C von Seger in Schlesien hervor. Gegen eine kontinuierliche Entwicklung in Ostböhmen und in Mähren sprach sich auch V. Vokolek (1996, 36) aus.

Die Argumente gegen die Kontinuität zwischen der Lausitzer Kultur und der Schlesischen Gruppe fasste J. Filip (1936-1937, 49 n) zusammen. Neben dem Fehlen einer schlesischen Besiedlung in Mittelböhmen, wo die Knovíz-Kultur expandierte, führte er an, dass die Lausitzer Phase auf den Gräberfeldern in Měník, Třebechovice, Skalice, Skalička, Dlouhá Ves, Třebešov und Nepasice fehle. Später jedoch wurden außer in Dlouhá Ves auf allen genannten Gräberfeldern Lausitzer Funde verzeichnet.

Die Diskontinuität sollte sich auch in der Keramik manifestieren. Einige Lausitzer Formen gab es in der schlesischen Zeit nicht mehr. Andererseits räumte der Autor aber ein, dass einige Formen existierten, die sich fortlaufend weiterentwickelten. Wichtig ist die Frage, ob die Lausitzer Elemente in der schlesischen Keramik von Einheimischen stammen oder ob sie aus Schlesien eingeführt wurden. Der Schlüssel zur Lösung besteht darin, die Materialien zu Beginn der schlesischen Zeit in Ostböhmen und in Schlesien zu vergleichen.

Gräber der IV. Periode in Kietrz und zeitgenössische Grabeinheiten aus Mittelschlesien (Gediga 1967) weisen Unterschiede zu den ostböhmischen Materialen auf. Einige Formen, die miteinander übereinstimmen, beenden ihre Entwicklung aber nicht nur in Böhmen sondern gleichzeitig auch in Schlesien. Es handelt sich deshalb offensichtlich nicht um den Beleg einer Kulturverschiebung, sondern um das Abklingen einer Modeform. Zum Beispiel wirkt eine Urne aus der IV. Periode in Kietrz (Gedl 1987) im Vergleich zu Gegenstücken aus den Anfängen der schlesischen Zeit in Ostböhmen weit konservativer.

Der Streit zwischen beiden Forschergruppen bezog sich auch auf die Siedlungen mit so genannten Gräbern des Vorläufer-Typs. Heute gilt es als ausreichend erwiesen, dass die meisten dieser Gräber in Wirklichkeit ein Beleg dafür sind, dass die älteren Lausitzer Gräber durch jüngere schlesische beschädigt wurden. Solche Fälle treffen wir zum Beispiel auf den Gräberfeldern in Vlkov (Vokolek 1984, 19), in Ostroměř (Vokolek 1999) oder in Skalice (Vokolek 2002).

Handelt es sich hier um einen Beleg dafür, dass die neue Kultur die Gräber der vorhergehenden Kultur nicht respektierte oder um den Versuch, an das Gräberfeld der Vorfahren anzuknüpfen? Für die zweite Deutung spricht die Einbettung der Lausitzer Bestattungen in die Einfassungen älterer Lausitzer Grabhügel. Das gleiche Phänomen wird vom Gräberfeld in Koldín beschrieben, wo ein Junglausitzer Grabhügel durch ein drei Jahrhunderte jüngeres Platěnicer Grab beschädigt wurde (Vokolek 1996a, 36). Bei einem so großen Zeitunterschied kann von einer negativen Abgrenzung zur ursprünglichen Bevölkerung keine Rede sein.

Einem umfangreichen Umzug aus Schlesien nach Südböhmen oder auch nach Mähren entspricht in Schlesien keine dramatische Änderung in der Besiedlung zur Wende der Jung- und Spätbronzezeit (Mierzwiński 1992, 188n).

Offensichtlich schließen sich der Zustrom einer neuer Bevölkerung und der Verbleib der Alteingesessenen nicht gegenseitig aus. Dass die Elemente der Lausitzer Kultur quantitativ zurückgingen, muss nicht notwendigerweise durch einen Rückgang der Bevölkerung verursacht worden sein, sondern nach J. Filips Meinung nur durch die allmähliche Abnahme der Einwohner der Lausitzer Kultur, die noch nicht durch die neuen aus Schlesien kommenden beeinflusst waren. Dabei konnten die ursprünglichen Einwohner auch stark in der Überzahl bleiben und die Besiedlungsänderungen eher nur kulturellen und politischen Charakter haben. So oder so kann diese Expansion als lokale Verschiebung im Rahmen einer Kulturgruppe angesehen werden.

Demographische Entwicklung

Die archäologische Literatur konzentriert sich häufig nur auf den Befund der Objektanzahl in einer Siedlung oder die Anzahl der Siedlungen auf einem konkreten Gebiet. Aus diesen Zahlen werden Schlüsse zur demografischen Entwicklung der urzeitlichen Bevölkerung gezogen. Die Tatsache, dass die gefundenen Objekte gewöhnlich nicht zu einer Entwicklungsphase gehören, ist nur eine Feststellung, aus der man keine Schlüsse ziehen kann. Nicht selten werden verschieden lange Entwicklungsphasen miteinander verglichen. So kennzeichnet die Schlesisch-Platěnicer Kultur (950-300 v. Chr.) den Höhepunkt der demografischen Entwicklung der Urzeit in Ostböhmen. Berücksichtigt wurde nicht, dass die Dauer des Jungbronzezeitabschnitts der Kultur der Lausitzer Urnenfelder auf weniger als 250 Jahre geschätzt werden kann, während die Schlesisch-Platěnicer Kultur, die die Spätbronzezeit, die Hallstattzeit und die Frühlatènezeit umfasst, fast 650 Jahre dauerte (Abb. 1) (Jiráň 2008, Venclová 2008).

Im Jahre 2001 wurden in Ostböhmen mehr als tausend Siedlungen aus der Zeit der Urnenfelder identifiziert. Annähernd 45 Prozent wurden der Lausitzer Kultur und 53 Prozent der Schlesisch-Platěnicer Kultur zugeschrieben. In den restlichen Fällen konnten die Kulturen nicht unterschieden werden (Thér 2001). Diese Daten machen deutlich, dass die Besiedlungsdichte schon in der Jungbronzezeit ihren Höhepunkt erreicht. In der Folgezeit sinkt die Dichte durchschnittlich um mehr als 50 Prozent.

Detailliertere Angaben brachte unabhängig von den vorherigen Ergebnissen die Vergleichsstudie bekannter Siedlungen mit Ergebnissen der palinologischen Forschung (Beneš - Pokorný 2001). Wieder zeigte sich der Besiedlungshöhepunkt in der Jungbronzezeit, ein Rückgang bis auf 45 Prozent dieses Standes in der Spätbronzezeit und ein zweiter, weniger markanter Höhepunkt auf dem Niveau von 90 Prozent in der Hallstattzeit.

Die Ergebnisse der detaillierteren Aufarbeitung der Besiedelung der Mikroregion Jaroměř auf einer Fläche von 65 km2 (Novák 2008) legen den Besiedlungshöhepunkt mit 250 Bewohner in die Mittlere Bronzezeit. Nach einem Rückgang auf 150 Bewohner, also auf 60 Prozent während der Spätbronzezeit, folgte ein zweiter Höhepunkt in der Hallstattzeit auf dem Niveau von 200 Bewohnern, also auf 80 Prozent des ursprünglichen Stands. Trotz unterschiedlicher Zahlen in einzelnen Arbeiten ist ein langfristig abnehmender Trend der demografischen Entwicklung offensichtlich (Abb. 6).

Burgstätten in Ostböhmen

Urzeitliche Burganlagen stellen ein Phänomen dar, das mindestens seit dem 19. Jahrhundert nicht nur die Aufmerksamkeit der Archäologen auf sich zieht. Die Erforschung der ostböhmischen Burganlagen stößt vor allem auf Probleme, die durch den Stand der Forschungen verursacht werden. Der innere Aufbau ist fast unbekannt. Auch die meist auf die Befestigung konzentrierten Forschungen brachten häufig keine Klarheit über die Siedlungen. Das Problem besteht insbesondere in deren Polykulturalität. Am häufigsten decken sich befestigte Siedlungen der Urnenfelder mit slawischen Burgstätten. Auch Kunstgegenstände im Wallkörper können nicht die Befestigung zeitlich einordnen, da sie möglicherweise aus älteren Schichten stammen und beim Bau späterer Befestigungen zum Vorschein kamen.

In Ostböhmen sind Burgstätten aus allen Entwicklungsphasen der Jungbronzezeit vertreten. Diese Burganlagen waren wahrscheinlich Wirtschafts- und offensichtlich auch Verwaltungszentren eines relativ dicht besiedelten, überwiegend landwirtschaftlichen Gebiets. Bedeutendstes Zentrum des Fernhandels und der Güterverte-

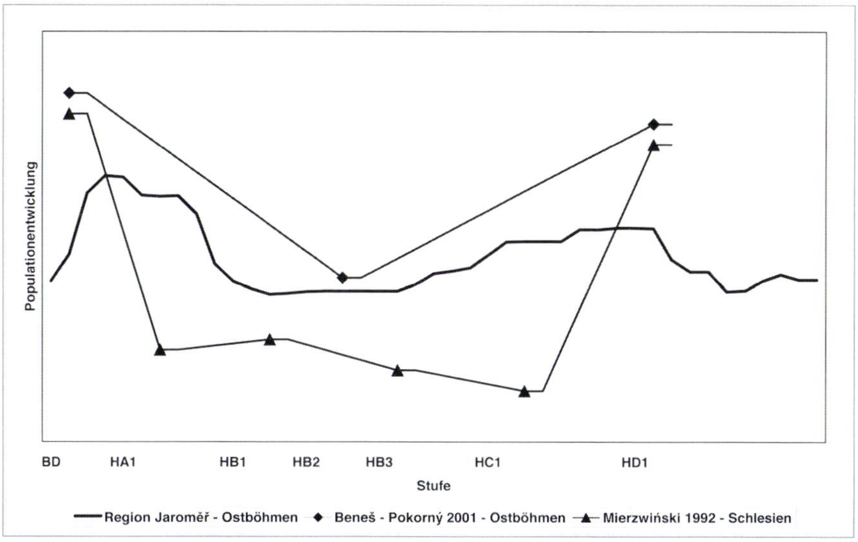

Abb. 6: Demografische Entwicklung der Bevölkerung in Ostböhmen und Schlesien aus verschiedenen Forschungen: Beneš/Pokorny, 2001 (Ostböhmen); Mirerzwiński, 1992 (Schlesien)

lung war wahrscheinlich die weitläufige Burgstätte in Hradec Králové, die dazu durch ihre zentrale strategische Lage prädestiniert war (Abb. 7). Auch die beträchtlichen Ausmaße und die zahlreichen Golddepots deuten darauf hin. Mit der Kontrolle des Goldabbaus wird die Burganlage in Mělčany verbunden. Auch die übrigen Burganlagen aus derselben Zeit verfügen über ein großräumiges Hinterland.

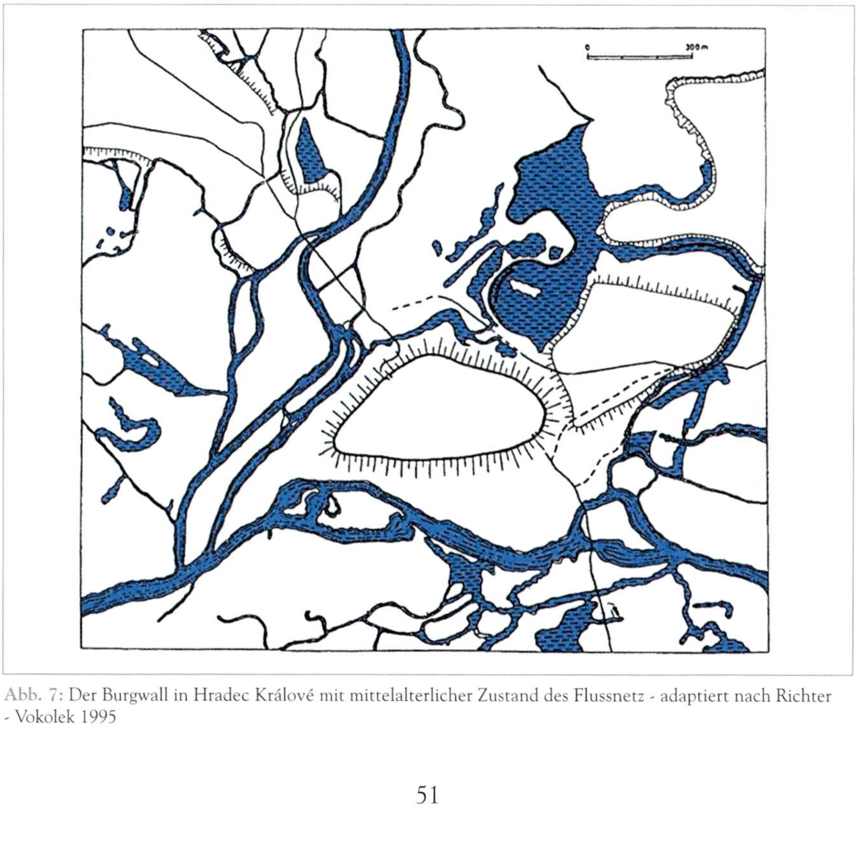
Abb. 7: Der Burgwall in Hradec Králové mit mittelalterlicher Zustand des Flussnetz - adaptiert nach Richter - Vokolek 1995

Zum Ende der Jungbronzezeit kommt es zu einer Verschiebung der Befestigungen in die Randbereiche der Region. Wahrscheinlich waren in dieser Zeit alle Felsburganlagen des Böhmischen Paradieses besiedelt. In der Region Choceň kommen weitere vor. In beiden Fällen handelt es sich um vom Elbtal ziemlich entfernte Regionen, die aber ganz bestimmt nicht ohne bedeutende Besiedlung waren und noch dazu Verbindungen in das Isertal oder nach Mähren hatten. Eine Erklärung ist der Rückzug der Junglausitzer Bevölkerung vor der neuen Einwandererwelle aus Schlesien. Weil wir aber eine ähnliche Verteilung auch bei den befestigten Siedlungen der folgenden Zeit finden, bin ich der Meinung, dass die Ursache dieser Verschiebung eher darin bestand, dass sich die gesellschaftliche Struktur oder die wirtschaftliche Basis änderten. In der Spätbronzezeit schreitet der Trend, dass sich die Burganlagen an den Rand des besiedelten Gebiets verschieben, fort. In einigen Fällen liegen die Gründe wohl darin, dass dadurch die Rohstoffquellen im Gebirgsvorland kontrolliert werden konnten. So steigt die Besiedlungsintensität nördlich ab Mlázovický und Hořický Chlum im Raum der Kupfer- und Golderzquellen (Tomášková 2002, 134). Das Gleiche kann wohl auch für die Burganlage in Nové Město nad Metují und Zářecká Lhota festgestellt werden.

In der Hallstattzeit verteilen sich die Befestigungen gleichmäßiger. Wieder verschieben sie sich in den besiedelten Raum und deshalb auch in die Nähe der Fernhandelswege. Man kann also davon ausgehen, dass sie wieder eine Verwaltungs- und Handelsfunktion erhielten. Direkte Belege über das Entstehen einer Stammesaristokratie, wie wir sie insbesondere aus dem Gebiet der westlichen Voralpen kennen, fehlen bisher. Die Änderung in der Besiedelung beginnt in der Zeit von 500-400 v.Chr.. In der östlichen und nördlichen Nachbarschaft Ostböhmens geschieht dies durch den Einfluss des Einfalls der Skythen. Ihre direkte Anwesenheit ist nicht belegt. Mehrere Exemplare dreieckiger Pfeile können auch ein Beleg für ihren Handel sein. Offensichtlich ist aber, dass diese Änderungswelle auch Ostböhmen ergriff. Von zehn ursprünglichen ostböhmischen Hallstattburganlagen erleben vier Siedlungen die späte Hallstattzeit. Die übrigen Siedlungen waren wahrscheinlich verlassen. Ein Beleg dafür, dass sie mit Gewalt ausgelöscht wurden, ist nur von den unweiten Burgstätten Topol und Chrudim bekannt.

Begräbnisritual und Sozialstruktur

Der Kulturkreis der Urnenfelder, die ostböhmische Gruppe nicht ausgeschlossen, ist konsequent mit dem Feuerbegräbnis verbunden. Trotzdem zeigen die Begräbnisse ein breites Spektrum an Formen, sowohl was die Grabkonstruktion oder die Zusammensetzung und den Reichtum des Inventars anbelangt, als auch was die Beziehungen innerhalb des Gräberfeldes betrifft. Viele Zeichen könnten zufällig und in ihrer Zeit nicht bewusst gesetzt sein. Einige könnten die höhere soziale Stellung des Einzelnen, die er durch persönliches Vermögen oder Familienreichtum erlangt hat, das gesellschaftliche Prestige oder die wirtschaftliche Rolle, oder auch sein Geschlecht oder sein Alter ausdrücken. Weitere Zeichen sind offensichtlich geografisch bedingt. Im Inventar von 2489 erhaltenen Grabeinheiten aus 137 ostböhmischen Gräberfeldern wurde 44 Zeichen nachgegangen. Von 109 Lausitzer Gräberfeldern konnten 1281 Gräber ausgewertet werden. Von 74 bekannten schlesischen Gräberfeldern geben nur 14 Siedlungen mit 601 Gräbern, davon fast die Hälfte vom Gräberfeld in Skalice, nötige Auskünfte. Über eine vergleichbare Anzahl von 607 Gräbern aus 29 Siedlungen verfügt die Hallstätter Zeit. Wieder fast die Hälfte der Gräber brachte die Erforschung der Fundstelle in Platěnice. Eine geringe Anzahl Späthallstätter Gräber erlaubt nur ganz allgemeine Schlüsse.

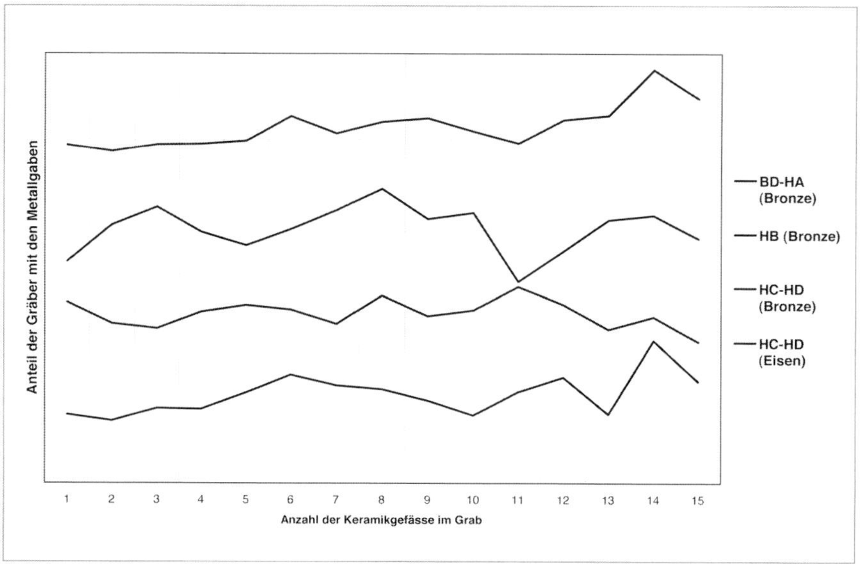

Abb. 8: Anteil der Gräber mit den Metallgaben in der Bronze- und Eisenzeit

Charakteristisch für Lausitzer Begräbnisse sind ein Grabzubehör von durchschnittlich 4,19 keramischen Gefäßen. Mehr als 72 Prozent erreichen diese Zahl aber nicht. 26 Prozent der Gräber enthalten Bronzebeigaben. Je höher der Anteil in Gräbern an Bronzebeigaben, desto höher ist auch ihre Fülle an keramischen Beigaben (Abb. 8).

Wichtige Informationen über den Verlauf des Begräbnisrituals und seine Symbolik liefern die Unterscheidung der Beigaben, die durch das Feuer des Scheiterhaufens beschädigt wurden von jenen Beigaben, die erst nach der Verbrennung hinzugefügt wurden. Während die ersten etwas über das Vermögen des Toten aussagen können, spiegeln die zweiten die Mittel der am Begräbnis teilnehmenden Personen wider. Das Auftreten verbrannter Keramik wird in der Literatur nur selten erwähnt. Was die Bronzebeigaben anbelangt, ist festzustellen, dass bei 19 Prozent der Gräber die gefundenen Bronzebeigaben zuvor im Scheiterhaufen verbrannt worden waren. In weiteren 36 Prozent der Gräber war die Bronze nicht oder nur unwesentlich vom Feuer gezeichnet. Nur bei 8 Prozent der Gräber fand man beides – durch Feuer beschädigte wie auch unberührte Bronzebeigaben.

In der Jungbronzezeit geht man nicht davon aus, dass sich Schmuck und Waffen unterschiedlich auf die Geschlechter verteilen. Waffen oder Klingen sind auch aus Frauengräbern belegt. Gold war Bestandteil in zehn Grabausstattungen mit auffallend unterdurchschnittlichem Reichtum an Keramik und Bronzegegenständen. In zehn Gräbern wurden auch Glasperlen gefunden. Diese Gräber haben weniger reiche Bronzebeigaben, und noch überraschender ist die geringe Zahl an Keramik von maximal sechs Gefäßen. Es kann nicht bezweifelt werden, dass Glas in der Jungbronzezeit zu den wertvollen Importen mit Prestigefunktion gehörte (Venclová 1990, Venclová 1989). Noch ärmer ist die Ausstattung des Hügelgrabs III in Jeřice mit Bernsteinperlen. Bestandteile von Reitausstattungen oder Wagen wurden in den ostböhmischen Gräbern überhaupt nicht entdeckt. Zoomorphe Gefäße fand man in zehn Gräbern, die alle reich an Keramik aber ärmer an Bronzebeigaben waren.
Ein bedeutendes Merkmal ist die Aufmachung des Grabs. Schon im Jahre 1946 beobachtete Jan Klen bei Forschungen in Hügelgräbern bei Semechnice folgendes:

Je aufwendiger das Grabdenkmal, desto ärmer ist seine Ausstattung (Klen 1946, 157). Dies kann in den Gräberfeldern in Čejetičky in der Region Mladá Boleslav (Plesl 1993) festgestellt werden. Zweifellos sind in diesen Gräbern außerordentliche Personen bestattet. Auf der anderen Seite fehlen aber die Argumente, dass dies nicht nur im Rahmen von einzelnen abgeschlossenen Gemeinden geschah. Gemeinden, die einen Zugang zu Prestigegegenständen hatten, konnten das von ihnen am meisten respektierte Mitglied mit dem besten, was zur Verfügung stand, ausstatten. Fehlte eine solche Quelle, diente ebenso gut eine reichhaltigere Ausstattung mit Keramik oder eine Hügelaufschüttung.

Besser sind die Innenkonstruktionen der Grabgruben erhalten. In Lausitzer Gräbern trifft man Steinkonstruktionen unterschiedlicher Form mit einer großen Bandbreite an Beigaben an. Was das Vorhandensein von Keramik, Bronze und noch anderer Beigaben angeht, unterscheiden sich diese Gräber nicht wesentlich vom Durchschnitt. Auffällig ist nur die geografische Verteilung. Zwei Drittel dieser Gräber stammen aus dem Isertal, und unter den übrigen überwiegen Mittelböhmen, die Region um Chrudim, also am Rande des Knovíz-Gebiets. Die Ausrichtung der Grabgruben ist gleich, vermeidet aber die Nord-Süd-Richtung.

In anthropologischen Analysen überwiegen Begräbnisse von Frauen und Kindern. Häufig sind sie gemeinsam begraben. Was das ermittelte Alter der Kinder betrifft, kann in vielen Fällen der Tod bei der Geburt ausgeschlossen werden.

In der Spätbronzezeit verdoppelte sich die durchschnittliche Anzahl des Gefäßinventars im Grab auf fast 7,63 Gefäße pro Grab. Diesen Durchschnitt erreichen über 69 Prozent der Gräber nicht. Bronzebeigaben besitzen 33 Prozent der Gräber. Die Anzahl der Gräber mit Bronzebeigaben ist ausgewogen – unabhängig von der Fülle der keramischen Ausstattung (Abb. 8). Das kann als Tendenz zur Demokratisierung dieses Metalls ausgelegt werden. In schlesischen Gräbern sank die Waffenmenge noch stärker im Vergleich zur vorangegangenen Zeit. Es verschwanden auch Glas- und Goldbeigaben.

Den Höhepunkt erreichte das Auftreten von Klappern. Diese Gräber verfügen nur leicht überdurchschnittlich über Keramik- und Bronzebeigaben. Ob in diesen Gräbern tatsächlich Kinder begraben sind, kann durch keinen weiteren Hinweis bestätigt werden. Angesichts des hohen Anteils der regelmäßig bei anthropologischen Analysen festgestellten Kinderbegräbnissen, war nur ein kleiner Teil dieser Gräber so ausgestattet. Die vorhandenen Klappern könnten so zum Beispiel mit einer besonderer Todesursache und der damit verbundenen Form des Begräbniszeremoniells zusammenhängen.

Aufmerksamkeit verdienen die Gräber mit rechteckiger Grabgrube, die reich mit Keramik ausgestattet sind und bei denen die Beigaben auf gleiche Art angeordnet sind. Sie deuten offensichtlich die Lagerung in einer rechteckigen Hülle aus organischem Material an (Abb 9). Mit einem Durchschnitt von 25 Keramikgefäßen pro Grab übersteigt diese Gruppe dreifach den in schlesischen Gräbern üblichen Durchschnitt.

Die Grubenorientierung zeigt am häufigsten in Richtung Südwest-Nordost. In der Ausrichtung der Grabgruben kann sich die Bemühung, die Sonnenbewegung zu verfolgen, widerspiegeln (Točík 1979, 81), ähnlich wie es bei Knochenbegräbnissen war. Den Durchschnitt von 6,7 Gefäßen erreichen in der Hallstätter Zeit 61 Prozent der Gräber nicht. Bronzebeigaben enthalten 27 Prozent der Gräber, Eisenbeigaben 21 Prozent. Die meisten Bronzebeigaben sind in den Gräbern mit geringerer Gefäßanzahl zu finden. Eisenbeigaben konzentrieren sich mehr in Grabgruppen mit einer höheren Anzahl keramischer Gefäße (Abb 8). Daraus ziehen wir die logische Schlussfolgerung, dass das neu aufkommende Metall Eisen in der Hallstattzeit zu

Abb. 9: Der rechteckige Brandgrab aus Čáslavky

Abb. 10: sgn. Mondidol aus Dobřenice Topfdeckel mit den stilisierten Stierhörner

einem wertvolleren Metall wird und damit ein höheres Ansehen als Bronze hat. Bedeutend ist, dass nur 37 von 213 Gräbern mit Metallinventar gleichzeitig Bronze- und Eisenbeigaben enthalten.

Während die Anzahl von Bronze- und Eisennadeln, Spangen und Armringen ausgewogen ist, stieg die Anzahl der Eisenmesser stark an, und sie wurden zur häufigsten Metallbeigabe. Beachten muss man, dass in Gräbern mit Reitausstattung keine Messer gefunden wurden. Nur im Grab 32 aus Platěnice – Daňkovo pole taucht gleichzeitig ein Eisenmesser und eine Spindelrolle auf. Das vermittelt den Eindruck, dass Gräber mit Eisenmessern Begräbnisse von Frauen darstellen. Leider fehlen dazu meist anthropologische Untersuchungen.

Verbreitete Beigabe in Platěnicer Gräbern sind so genannte Mondidolen (Abb 10). Sie wurden in mindestens 51 Gräbern gefunden. Dabei handelt es sich um reichere Gräber mit durchschnittlich 9,36 keramischen Gefäßen. Nicht ganz die Hälfte dieser Gräber ist mit Metallgaben ausgestattet. Im Gegensatz dazu sind Hörner mit überraschend wenig Inventar verbunden. Goldene und Bernsteinbeigaben fehlen völlig. Nur in drei Gräbern wurden Glasperlen gefunden.

Besondere Beachtung verdient in Hallstätter Gräberfeldern die Grabkonstruktion. Von 21 Gräbern mit rechteckiger Einfassung konzentrieren sich die meisten auf die Gräberfelder in Kostelec nad Orlicí (Abb 11) und Opatovice. Hier sind durchschnittlich 16 keramische Gefäße zu finden. Nur die Hälfte dieser Gräber ist gleichzeitig mit Metallgaben ausgestattet. Waffen fehlen völlig. Unter den Begrabenen in diesen reichen Gräbern dominieren wieder Frauen und Kinder (Chochol 1956, 1958, 1962).

Ein eigenständiges Phänomen sind die hallstattzeitlichen Hügelgräber in Ostböhmen. Sie wurden in der Literatur mit mindestens acht Siedlungen verbunden. Der Forschungsstand ist aber noch nicht zufriedenstellend. Bei hallstattzeitlichen Gräbern überwiegt auffallend die Nordwest-Südost-Ausrichtung.

Im Verlauf der Urnenfelderzeit sinkt allmählich der Anteil der ärmsten Gräber an ihrer Gesamtanzahl, und extreme Lagen gleichen sich aus. Es muss betont werden, dass die bedeutendste Änderung in dieser Richtung zwischen der älteren und jüngeren Phase der Jungbronzezeit, möglicherweise noch unter dem Einfluss der Umwandlung der Mittelbronzewirtschafts- und Sozialstruktur, eintritt. Die weitere Entwicklung ist schon ausgeglichener. Gegenüber allgemeingültiger Vorstellungen ist also die Demokratisierung der Gesellschaft nicht nur eine für die Spätbronzezeit charakteristische Erscheinung, sondern steigert sich auch in der Hallstattzeit. Die Grabausstattung der ostböhmischen Hallstattgräber weist gegenüber der Spätbronzezeit keine Zeichen neuer Einwohnergruppen auf, die als beginnende Aristokratie bezeichnet werden könnten. Seltene Gräber unter Hügeln und Begräbnisse mit Schwert oder Reitausstattung haben im Kontext mit einzelnen Gräberfeldern, in denen wir noch Gräber finden, die reicher mit Keramik ausgestattet sind und die eine stattlichere Grabkonstruktion haben, eher den Charakter „primi inter pares“.

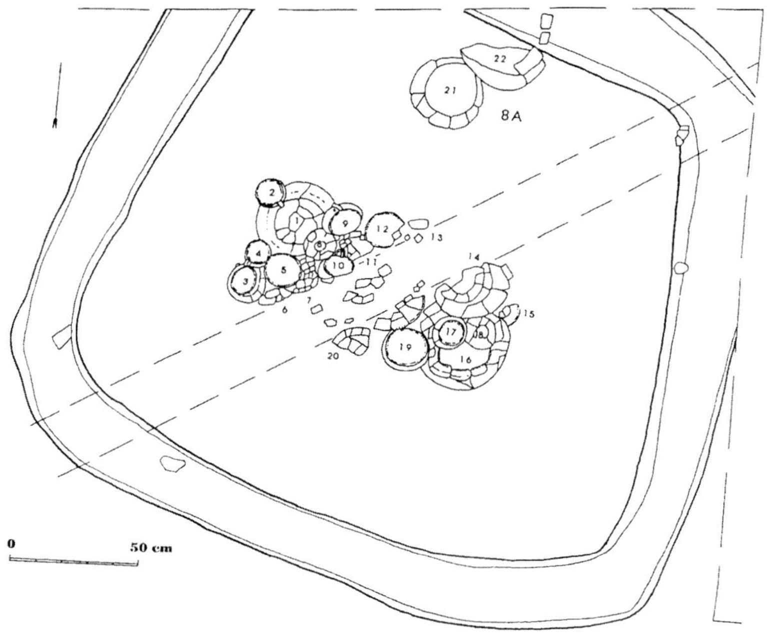

Abb. 11: Kostelec nad Orlicí - Grab 8 aus dem Jahre 1981 mit der rechteckigen Rinne - nach Vokolek 1999

Bildnachweis

Dr. Miroslav Novák (Abb. 1,3,6,8,10); Foto: Beneš, M., Archiv Archäologische Abteilung, Ostböhmen-Museum in Hradec Králové (Abb. 2,4,5); doc. Dr. Miroslav Richter und Dr. Vít Vokolek (Abb. 7); Dr. Vít Vokolek (Abb. 11)

Literatur

Beneš, J. – Pokorný, P. 2001: Odlesňování východočeské nížiny v posledních dvou tisíciletích: Interpretace pyloanalytického záznamu z olšiny Na bahně, okr. Hradec Králové. Archeologické rozhledy LIII, S. 481 – 498.

Böhm, J. 1937: Základy hallstatské periody v Čechách. Praha.

Bouzek, J. 2006: Kde leží hranice mezi lužickými skupinami východních a severozápadních Čech a kde hranice s knovízkou kulturou? In: Vita Archaeologica – Sborník Víta Vokolka, Hradec Králové – Pardubice, 49-54.
Bouzek, J. – Koutecký, D. 2000: Lužická kultura v severozápadních Čechách. Most.

Chochol, J. 1956: Výzkum na písečném přesypu u Skalice v r. 1952, III. Anthropologický rozbor žárových pozůstatků ze skalických hrobů. Památky archeologické XLVII, s. 307–309.
Chochol, J. 1958: Dosavadní výsledky anthropologického rozboru lužických žárových pohřbů z českých zemí. Památky archeologické XLIX, S. 559–582.
Chochol, J. 1962: Předběžný antropologický rozbor žárových pozůstatků z lužického a slezskoplatěnického pohřebiště v Opatovicích n. L. Památky archeologické LIII, S. 67– 76.

Dohnal, V. 1988: Opevněná sídliště z doby popelnicových polí na Moravě. Studie Muzea Kroměřížska ´88. Kroměříž.

Filip, J. 1936 – 1937: Popelnicová pole a počátky železné doby v Čechách. Praha.
Filip, J. 1939: Lužická kultura v Československu. PA XXXXI, S. 14 – 51.
Filip, J. 1966: Enzyklopädisches Handbuch zur Ur - und Frühgeschichte Europas. Tom I. /A-K/, Prag.

Gediga, B. 1967: Plemiona kultury luzyckiej w epoce brązu na Ślasku środkowym,
Wrocław – Warszawa – Kraków.

Gedl, M. 1975: Kultura przedłużycka. Wrocław – Warszawa – Kraków – Gdańsk.
Gedl, M. 1987: Cmentarzysko ze schylku epoki brazu w Kietrzu, Tom II, Wroclaw – Warszawa – Kraków – Gdańsk – Lódź.
Gedl, M. 1992: Die Vorlausitzer Kultur. Prähistorische Bronzefunde, Abteilung XXI, Band 2, Stuttgart.

ltakty v Evropě. In.: Problemy kultury lużyckie na Pomorzu. S. 227–237, Slupsk.

Jiráň, L. (ed.) 2008: Archeologie pravěkých Čech. Doba bronzová. Praha.

Klen, J. 1946: Nálezy z doby bronzové v dobrušském okrese. Památky archeologické XLII, S. 155–158, 214, 222.

Mirerzwiński, A. 1992: Zarys periodyzacji dziejów osadniczych Ślaska w okresie trwania kultury
użyckiej. In.: Problemy badań nad osadnictwem pradziejowym, S. 187 - 197.

Nekvasil, J. 1987: Der gegenwärtige Forschungstand der Lausitzer Kultur während der Urnenfelderperiode in Mähren. In: Die Urnenfelderkulturen Mitteleuropas, Symposium Liblice 1985, S. 255 – 261.

Novák, M. 2008: Hradiště doby popelnicových polí ve východních Čechách. Dissertationes Archaeologicae Brunenses/Pragensesque, Supplementum I, S. 107–122.

Novotný, B. 1986: Encyklopédia archeologie. Bratislava.

Píč, J. L. 1905: Starožitnosti země české II, 3, Praha.

Plesl, E. 1993: Naturwissenschaftliche Analysen und ihr Beitrag zur Erkenntnis des Lebens in der Periode der lausitzer Urenfelder. Památky archeologické LXXXIV 21–48.

Pleiner, R. a kol. 1978: Pravěké dějiny Čech. Praha.

Richter, V. (ed.) 1993: Pravěké dějiny Moravy. Brno.

Richter, M. - Vokolek, V. 1995: Hradec Králové - Slovanské hradiště a počátky středověkého města. Hradec Králové - Praha.

Spurný 1982: K časovému a kulturnímu postavení protolužického horizontu na Moravě. In: Poludniowa strefa kultury lużyckiej i powiazania tej kultury s poludniem. Kraków-Przemyśl, S. 121-133.

Šumberová, R. 2004: Sídliště mohylové a lužické v Čáslavi – Na Skále, okr. Kutná Hora. Popelnicová pole a doba halštatská, Příspěvky z VIII. konference, České Budějovice 22. – 24.9.2004, Archeologické výzkumy v jižních Čechách, Supplementum 1, S. 535 – 540, České Budějovice.

Thér, R. 2001: Život lidu popelnicových polí ve východních Čechách. Handschrift der Diplomaarbeit. Universität Hradec Králové.

Točík, A. 1979: Predstava človeka v praveku a včasnej dobe dejinnej o posmrtnom živote vo svetle archeologických prameňov z pohrebísk. In.: Historické korene vzniku náboženstva a jeho prejavy v praveku a včasnej dobe dejinnej, S. 81–87.

Tomášková, M. 2002: Bronzové a zlaté depoty období popelnicových polí v mikroregionu Chlumského lesa. ZMVČ 28, 129 – 160.

Venclová, n. 1989: Sklo mladší a pozdní doby bronzové a doby halštatské a interregionální konltakty v Evropě. In.: Problemy kultury lużyckie na Pomorzu. S. 227–237, Slupsk.
Venclová, N. 1990: Prehistoric Glass in Bohemia. Praha.
Venclová, N. (ed.) 2008: Archeologie pravěkých Čech. Doba halštatská. Praha.

Vokolek, V. 1984: Záchranný výzkum žárového pohřebiště ve Vlkově, ZKMVČ X/1, S. 16 – 19.
Vokolek, V. 1993: Počátky osídlení východních Čech. Hradec Králové.
Vokolek, V. 1996: Výzkum pohřebiště lidu popelnicových polí v Koldíně v letech 1994 – 1995. ZMVČ 22, S. 34 – 40.
Vokolek, V. 1999: Pohřebiště lidu popelnicových polí v Ostroměři. Hradec Králové.
Vokolek, V. 1999: Východočeská halštatská pohřebiště. Pardubice.
Vokolek, V. 2002: Gräberfeld der Urnenfelderkultur von Skalice/Ostböhmen. Praha.

Verwendete Abkürzungen:
ZMVČ/ZKMVČ = Zpravodaj muzea v Hradci Králové,
PA = Památky archeologické

IMPRESSUM

Herausgeber
Spreewälder Kulturstiftung
Schlossweg 1 · 03096 Burg (Spreewald), OT Müschen.
Internet: www.spreewaelder-kulturstiftung.com
Mail: info@spreewaelder-kulturstiftung.com

Autoren
Prof. Dr. Franz Schopper, Brandenburgischen Landesamtes für Denkmalpflege
und Archäologischen Landesmuseums; Landesarchäologe und Leiter der Abteilung Bodendenkmalpflege
und Archäologisches Landesmuseum, D-Zossen
Prof. Dr. Bernhard Hänsel, TU Berlin, emeritiert, D-Berlin
Prof. Dr. Bogusław Gediga, Universtität Warschau, Institut für Archäologie und Ethnologie
der Polnischen Akademie der Wissenschaften, PL-Warschau
Dr. Miroslav Novak, Universität Brünn, Leiter der archäologischen Abteilung des ostböhmisches Museums
Hradec Králové.

Konzeption und Redaktion
neuland+ - Tourismus-, Standort- und Regionalentwicklung GmbH & Co KG,
Esbach 6, 88326 Aulendorf, Mail: buehler@neulandplus.de

Gestaltung und Satz:
Reinsberg WA GmbH Berlin, www.reinsberg.de

ISBN 978-3-00-034776-4